Kohlhammer

Soziale Arbeit – kompakt & direkt

Herausgegeben von Rudolf Bieker und Heike Niemeyer

Eine Übersicht aller lieferbaren und im Buchhandel angekündigten Bände der Reihe finden Sie unter:

https://shop.kohlhammer.de/soziale-arbeit-kompakt-direkt

Der Autor

Matthias Widmer hat sich nach seiner Tätigkeit als Prototypenbauer für Produktdesign der Sozialen Arbeit zugewandt und als Sozialpädagoge in Einrichtungen für Menschen mit Behinderungen gearbeitet. Mit seinem Master in Sozialer Innovation fokussiert er derzeit an der Fachhochschule Nordwestschweiz FHNW als Wissenschaftlicher Mitarbeiter Themen wie Selbstbestimmung, Inklusion und Organisationsentwicklung. Seine Forschungsarbeiten konzentrieren sich darauf, wie die Wirkung von Dienstleistungen für Menschen mit Behinderungen im Einklang mit der UN-Behindertenrechtskonvention untersucht, nachgewiesen und gezielt entwickelt werden können.

Matthias Widmer

Teihabe wirksam gestalten

Soziale Dienstleistungen mit Wirkmodellen entwickeln und steuern

Verlag W. Kohlhammer

1. Auflage 2024

Alle Rechte vorbehalten
© W. Kohlhammer GmbH, Stuttgart
Gesamtherstellung: W. Kohlhammer GmbH, Stuttgart

Print:
ISBN 978-3-17-043247-5

E-Book-Formate:
pdf: ISBN 978-3-17-043248-2
epub: ISBN 978-3-17-043249-9

Vorwort der Reihenherausgeber*innen

Ergänzend zu klassischen Lehrbüchern geht es in der neuen Reihe »Soziale Arbeit – *kompakt & direkt*« um die vertiefende Bearbeitung spezieller Themen- und Fragestellungen aus der Sozialen Arbeit und ihren Bezugsdisziplinen, z. B. theoretische Konzepte, spezifische Methoden, Arbeitsfelder oder soziale Probleme. *Kompakt und direkt* heißt die neue Reihe, weil sie in der Präsentation der Inhalte auf das konzentriert ist, was Lernende über das ausgewählte Thema wissen und für Studienleistungen und Prüfungen zielgenau aufbereiten können sollten.

Zielgruppen der Reihe sind jedoch nicht nur Studierende im Bachelor- oder Masterstudium, sondern auch Berufseinsteiger*innen und Praktiker*innen, die autodidaktisch oder in Fortbildungen Anschluss an den aktuellen wissenschaftlichen Diskurs halten wollen.

Der fokussierte Zuschnitt der Bände spiegelt sich in einem innovativen Buchformat, das Leser*innen Überschaubarkeit im Umfang und eine gut strukturierte Textpräsentation bietet. Zentrale Sachverhalte werden anhand von Praxisbeispielen und Abbildungen veranschaulicht. Didaktische Elemente wie Begriffserläuterungen, Textcontainer, Reminder, Essentials, kurze Zusammenfassungen, Piktogramme etc. erleichtern das Erfassen, Speichern und Wiederaufrufen der Inhalte.

Die Autor*innen der Bände sind durch ihre wissenschaftliche Expertise ausgewiesen, schreiberfahren und stehen in der Regel mit Studierenden und Praxisfeldern in engem Kontakt.

Rudolf Bieker und Heike Niemeyer, Köln

Zu diesem Buch

Personen mit Behinderungen sind durch ein komplexes Zusammenspiel von individuellen Einschränkungen und gesellschaftlich determinierten Barrieren herausgefordert. Individuelle Einschränkungen und Barrieren führen zu Nachteilen bei der gesellschaftlichen Teilhabe (für die Begriffsdefinitionen ▶ Kap. 1.1). Seit der Ratifizierung der UN-Behindertenrechtskonvention (UN-BrK) haben Personen mit Behinderungen das Recht auf die »volle und wirksame Teilhabe an der Gesellschaft und Einbeziehung in die Gesellschaft« (Art. 3c BGBl. II 2008, S. 1424). Für die Bearbeitung des daraus abzuleitenden Nachteilsausgleichs bieten Dienstleistungsorganisationen für Personen mit Behinderungen entsprechende Angebote und Leistungen. Typische Leistungserbringer sind auch heute noch Werkstätten für Menschen mit Behinderung, Tagesförderstätten oder Wohnheime. Diese sind meist noch vor dem Rechtsanspruch nach Einbeziehung in die Gesellschaft entstanden. Daher betonen sie Aspekte der Inklusion noch weniger als Angebote neueren Datums wie z. B. Inklusions- oder Sozialfirmen. Die herkömmlichen Leistungserbringer sind also herausgefordert, sich weiterzuentwickeln. Dabei sind sie mit der Frage konfrontiert, wie sie die Ziele der neueren Vorgaben wirkungsvoll umsetzen können. Ziele werden bekanntermaßen am effektivsten erreicht, wenn die Einflussfaktoren und deren Wirkungsmechanismen möglichst gut verstanden werden. Solch abgesichertes Wissen steht in der Sozialen Arbeit aber oft nicht zur Verfügung. Das hat einerseits mit dem im Fachdiskurs breit diskutierten strukturellen Technologiedefizit zu tun (vgl. Luhmann & Schorr 1982), aber auch mit der Geschichte und gesetzlichen Einbettung der Leistungserbringer, die sich in der Vergangenheit nur freiwillig mit der Frage von überprüfbareren Wirkungen beschäftigen musste.

Bei der Überprüfung der Wirksamkeit und Entwicklung von wirksamen Nachteilsausgleichen im Sinne der UN-BrK ist es unumgänglich, sich im komplexen Geflecht der vielfältigen Einflussfaktoren zu orientieren und diese auf ausgewählte und möglichst konkrete Wirkungsziele auszurichten. Wirkmodelle sind eine geeignete Möglichkeit, dieses zuweilen undurchsichtige Geflecht systematisch zu durchdringen und handhabbar zu machen. Einmal aufgeschlüsselt unterstützt ein gutes Wirkmodell die Entwicklung spezifischer Dienstleistungen, ja sogar Erfolgsmessungen werden möglich.

Inhalt

1 Wer seine Wirkungsziele und deren Entstehungsbedingungen kennt, ist im Vorteil

☞ **Überblick**

In diesem Kapitel wird darauf eingegangen, wie das Verhältnis zwischen Personen mit Behinderungen und Organisationen mit Leistungen für Personen mit Behinderungen im Zuge neuerer Gesetzgebungen spürbaren Veränderungen unterworfen ist. Der verstärkte Fokus auf Aspekte wie Selbstbestimmung und Wahlfreiheit führt dazu, dass das plausible Herausstellen der Wirkung der eigenen Angebote und Leistungen immer mehr Bedeutung erhält. Das hat Folgen für die Positionierung von Dienstleistungsorganisationen im Markt der Nachteilsausgleiche, in dem sich Personen mit Behinderungen immer eigenständiger bewegen.

1.1 Normative Wirkungsziele für Personen mit Behinderungen

Dienstleistungsorganisationen für Personen mit Behinderungen haben zum Ziel, die behinderungsbezogenen Nachteile der Leistungsnutzenden zu reduzieren. Die Antwort auf die Frage, welches die auszugleichenden Nachteile sind, ist nicht beliebig. Diese werden aus normativen Zielvorgaben abgeleitet. Wenn beispielsweise die UN-Behindertenrechtskonvention (UN-BrK) das Recht auf die volle und wirksame Teilhabe an der Gesellschaft und die Einbeziehung in die Gesellschaft vorgibt (Art. 3c BGBl. II 2008, S. 1424), wird die Lebenssituation der Person mit Behinderungen mit vergleichbaren Personengruppen ohne Behinderungen verglichen. Die festgestellte Differenz stellt den eigentlichen Nachteil dar. So ist beispielsweise die berufliche Teilhabesituation einer Person mit Behinderungen in einer herkömmlichen Werkstätte für Menschen mit Behinderungen per Definition ein Nachteil, der an der separierten Belegschaft der Werkstätte abgelesen werden kann. Die Abweichung aus dem Vergleich lässt noch nicht abschließend darauf schließen, dass eine Werkstätte für Menschen mit Behinderungen als Nachteilsausgleich ungeeignet ist, dafür müssen zusätzliche Alternativbetrachtungen vorgenommen werden. Beispielsweise, ob die Differenz ohne das Vorhandensein einer Werkstätte für Menschen mit Behinderungen größer oder kleiner wäre, oder wie das Kompetenzerleben der Person ausfallen würde, wenn sie in einem Sozialbetrieb nahe am allgemeinen Arbeitsmarkt arbeiten würde. Erst wenn die Abwägung aller möglichen Alternativen zur Einsicht führt, dass die Werkstätte die bestmögliche Annäherung an die Setzung der UN-BrK ist, kann der Nachteil als vorläufig optimal akzeptiert werden. Das Akzeptieren entbindet jedoch nicht von der Pflicht nach der andauernden Suche nach weiteren Annäherungsmöglichkeiten.

Mit der Einführung des Bundesteilhabegesetzes (BTHG) in Deutschland erhält die Evaluation von Dienstleistungen für Personen mit Behinderungen einen bedeutenden Stellenwert. Das BTHG markiert einen Paradigmenwechsel, weil es den Blick auf die tatsächliche Wirkung von nachteilsausgleichenden Dienstleistungen richtet, anstatt sich ausschließlich auf die Bereitstellung von Ressourcen zu konzentrieren. Diese Neuausrichtung unterstreicht die Wichtigkeit von Wirkungsanalysen, die zentral sind, um die Effektivität und Effizienz von Maßnahmen zu beurteilen und sicherzustellen, dass sie den Bedürfnissen der Personen mit Beeinträchtigungen und Behinderungen optimal entsprechen. Doch bevor diese angegangen werden können, muss die komplexe Bestimmung der Wirkungs- und Qualitätsziele vorgenommen werden, die nicht – wie die Ausführungen oben zeigen – mit der Feststellung des Inklusionsgrades abgehandelt werden kann. Vielmehr sind vielfältige Zielgrößen gegeneinander abzuwägen, die sich teilweise auch widersprechen (zu den Begriffen Wirkung, Wirksamkeit und Qualität ▶ Kap. 3).

Beeinträchtigung, Behinderung oder Handicap?

Fachpersonen der Sozialen Arbeit stehen bisweilen vor der Herausforderung, passende Begriffe zu finden, die den Kern ihrer Arbeit adäquat beschreiben. Dies zeigt sich beispielhaft in der Frage, ob Begriffe wie Beeinträchtigung, Behinderung, Handicap, Betreuer*in, Begleiter*in oder Assistent*in treffend sind, um zu beschreiben, was man für wen tut. Wichtiger als die exakte Begriffsbestimmung ist der Diskurs selbst, da die Auseinandersetzung mit den Begriffen gesellschaftliche Wertungen widerspiegelt und individuelle Einstellungen reflektiert. Da Bewertungen und Einstellungen einem stetigen Wandel unterliegen, ist die Diskussion nie abgeschlossen, und Begriffe befinden sich in einem fortwährenden Veränderungsprozess. Dennoch ist es in Publikationen wie dieser notwendig, einen Sprachgebrauch zu bestimmen. In den letzten Jahren haben sich im deutschsprachigen Raum die Begriffe Beeinträchtigung und Behinderung etabliert. Die Bedeutung hinter diesen Begriffen wird je nach Quelle sehr unterschiedlich und manchmal auch widersprüchlich ausgelegt, was zusätzlich durch Übersetzungen zwischen verschiedenen Sprachen kompliziert wird. Die Weltgesundheitsorganisation (WHO) bietet eine hilfreiche Unterteilung an, bei der das Phänomen Behinderung sogar in drei Dimensionen unterschieden wird (übersetzt aus dem Englischen, vgl. WHO 2001, 3 ff):

- *Beeinträchtigung* (impairment) ist eine körperliche Schädigung, die angeboren ist oder aufgrund einer Erkrankung oder eines Unfalls erworben wurde. Die Folge ist eine dauerhafte gesundheitliche Schädigung. Diese wird mit einer medizinischen Diagnose festgestellt.
- *Behinderung* (disability) bezeichnet die beeinträchtigungsbedingte Einschränkung oder das Fehlen der Fähigkeit, eine Tätigkeit so auszuüben, wie es für Menschen als normal angesehen wird.
- *Handicap* bedeutet, dass die Person aufgrund der Funktionseinschränkung (Behinderung), die durch die Beeinträchtigung verursacht wird, im Vergleich zu Gleichaltrigen einen Nachteil bei der Erfüllung einer normalen Rolle im Leben erfährt. Das Handicap

kann auch durch gesellschaftliche Umweltbedingungen verursacht werden.

Im deutschsprachigen Raum etablieren sich seit den 2020er Jahren unter Selbstvertreter*innen Definitionen, die die einschränkenden Umweltbedingungen mehr betonen als die individuellen Beeinträchtigungen. Die Definition der WHO liegt in dieser Hinsicht nahe beim Begriff Handicap. Jedoch bevorzugen Selbstvertreter*innen im deutschsprachigen Raum den Begriff Behinderung, um dasselbe auszudrücken, weil in der deutschen Terminologie gesellschaftliche Barrieren mit diesem Begriff besser zum Ausdruck gebracht werden. Im Verlauf dieser Publikation wird daher der Begriff *Personen mit Behinderungen* verwendet.

1.2 Widersprüchliche Wirkungsziele

Die oben eingeführte Zielgröße *Einbeziehung in die Gesellschaft* (Art. 3c BGBl. II 2008, S. 1424) kann leicht darüber hinwegtäuschen, dass der Alltag in Dienstleistungsorganisationen für Personen mit Behinderungen komplex ist, denn vielfältige Wirkungsziele müssen unter einen Hut gebracht werden, die sich teilweise auch widersprechen. Das zeigt sich gut, wenn man zu der *Einbeziehung in die Gesellschaft* Setzungen wie die *Freiheit, eigene Entscheidungen zu treffen* (Art. 3a BGBl. II 2008, S. 1424) oder das *Wunsch- und Wahlrecht*, wie es im BTHG (§8 SGB IX) festgeschrieben ist, hinzufügt. Wie ist die Situation zu bewerten, wenn eine Person mit Behinderungen, die frei, informiert und voller Überzeugung in einer Werkstätte für Menschen mit Behinderungen arbeiten will, obwohl sie in einer Sozialfirma nahe am allgemeinen Arbeitsmarkt bestehen könnte? Ist nun Inklusion oder Wahlfreiheit stärker zu gewichten? Bei einem solchen Fall besteht keine Differenz zur Setzung in Art. 3a der UN-BrK, aber eine große Differenz zu Art. 3c.

16

1.3 Wirkungsziele und Qualitätsversprechen

Wer sich als Dienstleistungsorganisation im Markt der Nachteilsausgleiche positionieren will, ist an normative Vorgaben, wie sie im vorhergehenden Kapitel exemplarisch beschrieben wurden, gebunden. Dienstleistungsorganisationen stehen neben den Vorgaben aber auch Freiheitsgrade zu Verfügung, innerhalb derer sie sich spezifisch positionieren können. Zum Beispiel können sie sich spezialisieren und bestimmte Nachteilsausgleiche besonders betonen und Vorgaben gar übertreffen. Oder sie akzentuieren Qualitäten, die nicht zwingend sind, aber einen Marktvorteil bedeuten, weil sie für potenzielle Kund*innen besonders interessant sind. Das ist bespielweise dann der Fall, wenn sich eine Dienstleistungsorganisation darauf festlegt, besonders naturnahe und bewegungsfreundliche Arbeitsplätze in einem landwirtschaftlichen Umfeld anzubieten, oder wenn sie besonders urbane Teilhabemöglichkeiten anbietet. In diesem Fall wird von sog. Alleinstellungsmerkmalen oder Qualitätsversprechen gesprochen.

Mit Blick auf einen angestrebten Wirksamkeitsnachweis muss bei normativen Vorgaben der Erreichungsgrad der Wirkungsziele zwingend ausgewiesen werden. Bei den freiwilligen Qualitätsversprechen ist ein Wirksamkeitsnachweis nicht zwingend, führt aber zu einem Marktvorteil, weil die Wirkung der Leistungen gegenüber interessierten Kund*innen gut belegt werden kann.

1.4 Ursache-Wirkungs-Zusammenhänge

Dienstleistungsorganisationen für Personen mit Behinderungen sind, wenn sie die Qualität ihrer Angebote und Leistungen bewerten und ausweisen wollen, auf eine möglichst aussagekräftige Einschätzung des Erreichungsgrads ihrer Wirkungsziele und Qualitätsversprechen angewiesen. Sobald Anbietende ihre Angebote und Leistungen auch kontrolliert steuern oder entwickeln wollen, müssen sie auch deren Entstehungskontext verstehen. Je besser aufgeschlüsselt werden kann, welche Ursachen und Kombinationen von Ursachen zu welchen Wirkungen in welcher Stärke führen, desto gezielter und kontrollierter können wirkungsvolle Angebote skizziert, geplant, organisiert und angeboten werden. Mit Wissen zum Entstehungskontext können zudem ineffiziente und ineffektive Prozesse isoliert und Maßnahmen eingeleitet werden, diese zu verbessern. Belastbares Wissen und aufgeschlüsselte Wirkzusammenhänge helfen bei der Entwicklung neuer und innovativer Angebote und Leistungen. Die prognostischen Aussagen, die mit Wissen zu den Wirkungszusammenhängen getroffen werden können, erhöhen die Eintrittswahrscheinlichkeit von Wirkungen durch geplante Maßnahmen.

1.5 Wirkungsziele mit unterschiedlichen Zielgruppen

Für Dienstleistungsorganisationen für Personen mit Behinderungen ist es kaum möglich, mit denselben Leistungen die Gesamtheit aller leistungsberechtigten Personen gleichermaßen wirksam zu erreichen. Gewisse Organisationen oder Organisationseinheiten sind deshalb attraktiver für die eine Personengruppe als für die andere. Aus diesem Grund macht es Sinn, Wirkungen nach Personengruppen zu unterscheiden. Personen sind auch ein Teil des Entstehungskontexts, wie er in Kapitel 1.4 beschrieben wird (▶ Kap. 1.4).

Praxisbeispiel

Tun wir zur Veranschaulichung so, als würden wir für zehn Personen mit Behinderungen in einem Wohnangebot die Wohnautonomie mit einer Skala von eins bis fünf erheben und Werte zwischen 2.2 und 4.6 erhalten. Aus diesen Zahlen lässt sich nicht auf die Qualität und Wirksamkeit des Angebots schließen. Angenommen, die Begleitung der

Gruppe wird in gleichmäßiger Qualität auf die zehn Personen verteilt, so ist wahrscheinlich, dass individuelle Faktoren wie Beeinträchtigung, Kompetenz, Erfahrung und auch das Wohlbefinden die Ergebnisse mehr beeinflussen als die Qualität der Begleitung. Es ist sogar denkbar, dass die Person mit dem Wert 2.2 am meisten vom Angebot profitiert, weil sie ohne die Dienstleistung bei einem Wert von 1.5 landen würde und im Vergleich mit den anderen Personen mit der Leistung den größten Sprung verbucht.

Aus diesem Gedankenspiel kann der folgende Schluss gezogen werden: Der Erreichungsgrad von Wirkungszielen kann nicht mit absoluten Zahlen gefasst werden, die zu einem einzigen Zeitpunkt erhoben werden. Die Messwerte müssen zwingend in Bezug zu den Kompetenzen und Möglichkeiten der Personen gestellt werden. Bei der Erhebung von subjektiven Einschätzungen durch die betroffenen Personen ist weiter zu berücksichtigen, dass bestimmte Personentypen objektive Gegebenheiten unter Umständen subjektiv unterschiedlich einschätzen. Um dieses Problem zu kontrollieren, können Dienstleistungsorganisationen Einzelpersonen zu Personentypen zusammenzufassen. So können sie pro Personentyp unterschiedliche Standards anlegen, was die Bewertung von Wirkungsmessungen einfacher macht.

1.6   Freie und informierte Wahl

Wie in Kapitel 1.2 dargelegt, legen neuere Gesetzgebungen einen starken Fokus auf die selbstbestimmte, freie und informierte Wahl der Dienstleistungen durch die Personen mit Behinderungen als Leistungsnutzende (▶ Kap. 1.2). Mit diesem Fokus verschiebt sich die Definitionsmacht beim Verhandeln von Qualitätsstandards in Zukunft zunehmend in Richtung Leistungsnutzende, ihre Rolle verschiebt sich in Richtung Kund*innen. Nimmt man die Setzung der freien und informierten Wahl ernst, können Anspruchsberechtigte künftig auch Leistungen mit vergleichsweise geringerer Qualität beziehen und im Gegenzug allfällig frei gewordene Mittel anderweitig einsetzen. All dies setzt voraus, dass die Entscheidung der Person frei und informiert erfolgt. Damit verhält es sich ähnlich wie beim Einkauf in einer Bäckerei. Wähle ich die Bäckerei, die das knusprigste Brot verspricht, dafür aber einen hohen Preis verlangt? Oder wähle ich ein Massenprodukt des Monopolisten in geringerer Qualität, dafür aber zu einem günstigen Preis? Eine kompetente Entscheidung entsteht dann, wenn ich erstens die beiden unterschiedlichen Qualitätsversprechen durch eigene Erfahrung verstehe und zweitens ich eine echte Wahl habe.

Im Gegensatz zu einer Bäckerei ist die Qualität von Dienstleistungen im Markt der Nachteilsausgleiche nicht ohne Weiteres erfahr- und wählbar, weil die Kund*innenbeziehungen mitunter komplex sind. Vulnerable Personen in Abhängigkeitsverhältnissen sind oft nicht in der Lage, eine Dienstleistungsorganisation eigenständig zu wechseln. Oft sind es auch nicht sie selbst, die sich für die Dienstleistungsorganisation entschieden haben, sondern Familienmitglieder oder rechtliche Vertretungen. Personen, die in ihrem Leben nur ein einziges Angebot kennengelernt haben, haben keine Vergleichsmöglichkeiten und können nur schwer eine Vorstellung davon entwickeln, welche Qualitäten andere Dienstleistungsorganisationen anzubieten hätten. Aus diesem Grund betont die UN-BrK das Recht auf Zugänglichkeit zu Informationen (Art. 9b BGBl. II 2008, S. 1428). Ein vielfältiges und frei wählbares Angebot von nachteilsausgleichenden Dienstleistungen, die in unterschiedlicher Art und Qualität angeboten werden und mit denen Erfahrungen gemacht werden können, ist daher unumgänglich. Deshalb wird in Zukunft bei Wirkungsmessungen niemand an den beiden Aspekten *Auswahl* und *Erfahrungen machen* vorbeikommen.

1.7 Zeigen, was man zu bieten hat

Je freier und informierter sich Personen mit Behinderungen im Markt der Nachteilsausgleiche bewegen (▶ Kap. 1.6), desto mehr werden es Dienstleistungsorganisationen mit Anspruchsberechtigten zu tun haben, die in der Rolle als Kund*in auftreten, die auswählen und mit unterschiedlichen Lebensplänen und Schwerpunkten auf die Angebote treffen. Damit entsteht eine zunehmend marktähnliche Situation. Gleichzeitig sind politische Träger nach wie vor in der Verantwortung, eine angemessene Leistungsabdeckung und ein Grundlevel an Qualität sicherzustellen, weil nicht alle Anspruchsberechtigten auf Anhieb frei und informiert wählen werden. Diese Veränderungen bedeuten für die Dienstleistungsorganisationen, dass sie sich bei der Entwicklung von Dienstleistungen zunehmend am Prinzip von Angebot und Nachfrage orientieren müssen. Es wird nicht mehr ausreichen, eine undifferenzierte Rundumversorgung sicherzustellen. Es wird kein Weg daran vorbeiführen, die Qualität der eigenen Dienstleistungen und die damit erzeugte Wirkung nachvollziehbar aufzuzeigen. Das ist zu begrüßen, weil Dienstleistungsorganisationen damit an Profil gewinnen und von Mitbewerbenden abheben, was wiederum vielfältige Wahlmöglichkeiten begünstigt.

Auf den Punkt gebracht

Neuere Gesetzgebungen wie die UN-Behindertenrechtskonvention (UN-BrK) oder das Bundesteilhabegesetz (BTHG) haben einen Wandel  eingeleitet, der nicht mehr aufzuhalten ist. Personen mit Behinderungen erhalten zunehmend die Möglichkeit, eine aktivere Rolle als Kund*innen einzunehmen und in einem marktähnlichen Umfeld Leistungen frei einzukaufen. Damit verschiebt sich die Aushandlung der Qualitätsfrage zunehmend in die Beziehung zwischen Dienstleistungsorganisationen und Anspruchsberechtigten.

Dienstleistungsorganisationen sind in einem solchen Verhältnis gut beraten, wenn sie die Wirkung ihrer Leistungen plausibel belegen können. Für die Entwicklung innovativer Angebote haben sie zudem idealerweise Zugang zu belastbarem Wissen darüber, unter welchen Entstehungsbedingungen die erzeugten Wirkungen entstehen.

Reflexionsfragen

- Bin ich mir als Professionelle*r der Sozialen Arbeit bewusst, an welche Wirkungsziele ich gesetzlich gebunden bin und welche Qualitätsversprechen eher freiwillige Alleinstellungsmerkmale bedienen?
- Kann ich auf Anhieb herausstellen, in welchen Bereichen meine Dienstleistungsorganisation herausragend ist und wo sie sich von anderen abhebt?
- Erkenne ich in spezifischen Berufsfeldern der Sozialen Arbeit sich widersprechende Wirkungsziele, thematisiere ich und reflektieren ich diese?
- Kann ich als Professionelle*r der Sozialen Arbeit stichhaltig und plausibel aufzeigen, welche meiner Aktivitäten welche Wirkungsziele und Qualitätsversprechen wie beeinflussen?
- Kenne ich Qualitätsstandards von Dienstleistungsorganisationen der Sozialen Arbeit, die gemessen und nicht unterschritten werden sollen?
- Haben ich schon mal versucht, eine Adressat*innengruppe der Sozialen Arbeit als Komplexitätsreduktion in eine Anzahl Personentypen mit je unterschiedlichen ausgeprägten Wirkungszielen zu verdichten?
- Kennen ich Dienstleistungsorganisationen der Sozialen Arbeit, in denen die Leistungsnutzenden die Möglichkeit haben, Einzelleistungen frei und informiert auszuwählen oder abzulehnen?
- Kenne ich eine Praxissituation, bei der ich das diffuse Gefühl habe, dass dieselben Dienstleistungen bei bestimmten Zielgruppen eine andere Wirkung erzielen als bei anderen?

Weiterführende Literatur

Eurich, Johannes, Lob-Hüdepohl, Andreas (2021). Gute Assistenz für Menschen in Behinderungen: Wirkungskontrolle und die Frage nach dem gelingenden Leben. Stuttgart: Kohlhammer.

Lakhani, Ali, McDonald, Donna, Zeeman, Heidi (2018). Perspectives of Self-Direction: A Systematic Review of Key Areas Contributing to Service Users' Engagement and Choice-Making in Self-Directed Disability Services and Supports. Health & Social Care in The Community, 26 (39), 295–313.

Sebastian, Noll, Frank, Steinsiek (2021). Inklusive Impulse durch das Bundesteilhabegesetz – Veränderungen und Möglichkeiten für Menschen mit Behinderung. In: Kolhoff, L. (Hrsg.), Management der Teilhabe von Menschen mit Beeinträchtigungen. Perspektiven Sozialwirtschaft und Sozialmanagement (25–45). Wiesbaden: Springer VS.

2 Wirkungen mit Wirkmodellen verstehen und kontrollieren

☞ **Überblick**

In diesem Kapitel wird auf den Begriff Wirkungszusammenhang eingegangen, der das Verhältnis zwischen sog. Wirkfaktoren beschreibt. Ein Wirkungszusammenhang kann dann beschrieben werden, wenn eine Veränderung bei einem Faktor eine Veränderung beim anderen Faktor auslöst. Wenn mehrere Wirkfaktoren zu einer zusammenhängenden Wirkungskette oder zu einem Netzwerk verbunden werden, spricht man von einem Wirkmodell. Die Arbeit mit dieser Art Wirkmodell hat sich in anderen Disziplinen etabliert, während die Soziale Arbeit selbst hier noch in den Anfängen steckt. Um den Transfer der Idee von Wirkmodellen von der Theorie in die Praxis sichtbar zu machen, werden in diesem Kapitel exemplarische Fallbeispiele eingeführt. Diese werden im weiteren Verlauf der Publikation immer wieder aufgegriffen und auf die Inhalte der Publikation bezogen.

2.1 Die Beschaffenheit eines Wirkmodells

Ein Wirkungszusammenhang beschreibt das Verhältnis zwischen zwei Wirkfaktoren. Wenn ein Wirkfaktor einen anderen beeinflusst, lässt sich daraus die Wirkungsrichtung ableiten. Ein Wirkungszusammenhang mit einer definierten Wirkungsrichtung beschreibt einen kausalen Zusammenhang. Wenn sich Wirkfaktoren gegenseitig in beide Richtungen beeinflussen, spricht man von einer Korrelation. Von Korrelation und Kausalität wird nur gesprochen, wenn sich der Wirkungszusammenhang immer wieder feststellen und messen lässt. Wenn man mehrere Wirkungszusammenhänge zusammenfügt, entsteht eine aus sog. Knoten und Kanten bestehende Struktur, die als Wirkmodell bezeichnet wird. Das Wirkmodell ist eine Rekonstruktion der zentralen Wirkfaktoren und Wirkungszusammenhänge eines definierten Gegenstands und reduziert die Komplexität des gesamten Gegenstands auf eine behandelbare Größe. Dabei werden Elemente mit wenig Einfluss eher weggelassen und Elemente mit viel Wirkungsstärke herausgestellt. In einem aussagekräftigen Wirkmodell sind die Wirkfaktoren, die voneinander abhängig sind, mit der Angabe der Wirkungsrichtung und der Wirkungsstärke ausgewiesen. Ein typischer Anwendungsfall für ein Wirkmodell liegt dann vor, wenn die Struktur aus Knoten und Kanten auf eines oder mehrere angestrebte Wirkungsziele oder Qualitätsversprechen zulaufen. Wirkungsziele oder Qualitätsversprechen haben dieselbe Eigenschaft wie Wirkfaktoren, stehen aber am Ende einer Wirkungskette. Sie sollen angesteuert werden (für Definitionen der Elemente eines Wirkmodells und Darstellungsmöglichkeiten ▶ Kap. 3).

Wirkmodell – Definition

Ein Wirkmodell beschreibt in den Sozialwissenschaften die Annahmen und Vorstellungen über den Wirkmechanismus einer Intervention oder Maßnahme und stellt somit eine Art theoretische Grundlage für die Wirksamkeitsanalyse dar. Dabei werden Zusammenhänge zwischen den vermuteten Ursachen und den angestrebten Wirkungen hergestellt und in einem Modell dargestellt. Das Wirkmodell ermöglicht es, eine Intervention gezielt zu planen und umzusetzen oder eine geplante Intervention zu untersuchen und die Wirkung systematisch zu evaluieren.

2.2 Wirkmodelle in der Sozialen Arbeit und verwandten Feldern

Wirkmodelle sind in der Sozialen Arbeit noch nicht sehr verbreitet, aber es gibt in angrenzenden Feldern zahlreiche interessante Beispiele, wie mit Wirkmodellen gearbeitet werden kann. Die Theory of Planned Behavior beispielsweise von Ajzen (2005) sowie von Ajzen und Fishbein (1980) erklärt Verhaltensveränderungen im Zusammenhang mit der Prävention von Jugendgewalt mit einem sehr einfachen und expliziten Wirkmodell, das seit Jahren statistisch geprüft und überarbeitet wird. Gredig und Pfister (2010) haben Arbeiten von Ajzen und Fishbein aufgenommen und damit zum Schutzverhalten und Prävention in der Aidshilfe gearbeitet; bei Haunberger (2018) finden sich Anregungen zur Erweiterung linearer Wirkmodelle am Beispiel des Justizvollzugs; Beywl und Balzer (2018) entwickeln Grundlagen für die Evaluation im Bildungsbereich für Praktiker*innen mit der Aufschlüsselung von Wirkungszusammenhängen als Grundlage. Interessant in diesem Zusammenhang sind auch die modellhaften Beispiele zum Entstehungskontext von Fremdenfeindlichkeit von Arzheimer (2016) mit Strukturgleichungsmodellen, die aber schon sehr weit in die komplexe Welt der Statistik eintauchen, die in dieser Publikation nur mit Abstand betrachtet werden soll.

Im Gegensatz zu Wirkmodellen im oben erwähnten Sinn haben sich in der Sozialen Arbeit im Rahmen von Qualitätsmanagementsystemen häufig lineare Wirkmodelle wie die PHINEO-Wirkungslogik (vgl. Kurz, Kubek & Schultze 2013).) etabliert, die einen linearen Prozessablauf anlegen, um den Fortschritt und die Wirkungen von Maßnahmen oder Programmen zu beschreiben. Dabei wird unterschieden in verfügbare Ressourcen, geplante Handlungen, die diese Ressourcen nutzen, unmittelbare quantifizierbare Ergebnisse der Handlungen, Veränderungen, die durch diese Ergebnisse entstehen, und langfristige Veränderungen. Diese Herangehensweise hat Vorteile bei der Planung, Umsetzung und Bewertung von bereits geplanten Interventionen; sie hat aber auch Schwächen beim Erzeugen von neuen Erkenntnissen und bei bemessen von Wirkungszusammenhängen. In den aktuellen Leistungs- und Vergütungsvereinbarungen zwischen Leistungsträgern und Dienstleistungsorganisationen für Personen mit Behinderungen stehen demzufolge auch mehr die Ausstattung mit Mitteln sowie die Angebote und Aktivitäten und weniger die angestrebten Wirkungsziele im Fokus der Aushandlung. Infolgedessen wird eher überprüft, ob die geplanten Aktivitäten umgesetzt wurden, und weniger, welche Wirkungen erzielt wurden, auch weil diese Messung einfacher durchzuführen ist als eine Wirkungsmessung. Die Debatte zur Messung der Wirksamkeit der ausgerichteten Dienstleistungen ist momentan von Kontroversen geprägt und nur gering mit gesichertem Wissen abgestützt, das zugegebenermaßen auch kaum vorhanden ist.

In dieser Gemengelage, die mit Blick auf multifaktorielle Einflüsse und dem zusätzlichen Anspruch auf Einbeziehung der Leistungsnutzer*innen komplex erscheint, ist es mehr als sinnvoll, den Blick auf den Einsatz von netzwerkartigen Wirkmodellen zu lenken, die in dieser Publikation Thema sind. Sie bieten eine Möglichkeit, die komplexen Zusammenhänge zwischen Aktivitäten, Einflüssen und ihren Wirkungen grundlegend zu analysieren und zu verstehen. Sie strukturieren den Weg von den Mitteln und Aktivitäten bis hin zur erwarteten Wirkung und schaffen somit eine Grundlage für eine effektivere Wirkungsmessung und Angebotsplanung.

2.3 Potential von Wirkmodellen in Dienstleistungsorganisationen für Personen mit Behinderung

Was bewirken Wirkmodelle in der Sozialen Arbeit im Allgemeinen und in Dienstleistungsorganisationen für Personen mit Behinderungen im Besonderen? Wirkmodelle haben das Potential, die Qualität von Dienstleistungen zu kontrollieren und zu verbessern. Qualität in diesem Zusammenhang bedeutet, klare Wirkungsziele zu setzen, deren Erreichungsgrad zu messen und Qualitätsstandards festzulegen. Der Erreichungsgrad von Wirkungszielen ist ein Aspekt der Leistungsqualität. Um die Qualität von

Dienstleistungen zu verbessern, wird Wissen über den Entstehungskontext der Wirkungsziele genutzt, Aktivitäten werden angepasst, um die Wirkungsziele in die gewünschte Richtung zu verändern. Messungen von Wirkungszielen und Wirkfaktoren ermöglichen es Dienstleistungsorganisationen zudem, ihre Dienstleistungen besser zu dokumentieren und die Qualität ihrer Dienstleistung in der Form von Wirksamkeitsnachweisen darzulegen. Mit Wirkmodellen können Dienstleistungsorganisationen sich auf bestimmte Teilaspekte konzentrieren, für einen Aspekt temporär gezielte Maßnahmen ergreifen und damit handlungsfähig bleiben. Ein gutes Modell berücksichtigt auch Wirkfaktoren, die nicht direkt beeinflusst werden können. Diese Kenntnisse schützen vor aussichtslosen Maßnahmen und führen zu realistischeren Einschätzungen, wenn Ziele nicht oder nur bis zu einem bestimmten Grad erreicht werden. Wirkmodelle sind dynamisch, Erkenntnisse aus jeder kontinuierlichen Verbesserung fließen in das Wirkmodell zurück. Dynamische Wirkmodelle dienen damit auch als Grundlage für die Erfolgskontrolle nachfolgender Interventionen (für Definitionen der Elemente eines Wirkmodells und Darstellungsmöglichkeiten ▶ Kap. 3).

2.4 Exemplarische Fallbeispiele in Dienstleistungsorganisationen für Personen mit Behinderungen

Bisher haben wir erkannt, dass wirkungsvolle Dienstleistungsorganisationen für Personen mit Behinderungen vor einer Herausforderung stehen: Sie müssen aufzeigen und belegen können, welche Auswirkungen ihre Leistungen haben. Um die Effektivität der Dienstleistung gezielt zu steuern und sicherzustellen, dass die angestrebten Wirkungsziele auch erreicht werden, ist es entscheidend, die Einflussfaktoren und Beziehungen zu verstehen, die die angestrebten Ziele beeinflussen. Wirkmodelle unterstützen bei dieser Herausforderung.

Im Folgenden werden vier Anwendungsfälle aus der Forschungspraxis des Verfassers skizziert, in denen mit Wirkmodellen gearbeitet wurde. Die Fallbeispiele basieren auf realen Projekten, wurden jedoch so abgewandelt, dass keine Rückschlüsse auf die Praxispartner gezogen werden können. Die ersten beiden Beispiele werden in der ersten Hälfte der Publikation verwendet, um theoretische Inhalte zu veranschaulichen. Die beiden letzten Beispiele werden in der zweiten Hälfte der Publikation aufgegriffen, um Ablaufprozesse bei der Implementation von Wirkmodellen in die Dienstleistungsorganisationen zu illustrieren.

Fallbeispiel 1: Verbesserung von Selbstbestimmung auf der Wohngruppe

Die Außenwohngruppen einer Dienstleistungsorganisation für Personen mit Behinderungen haben das Wirkungsziel, die Selbstbestimmung der Leistungsnutzer*innen zu stärken. Eine Intervention in diesem Zusammenhang ist das Ermöglichen von Erfahrung mit einem bedingungslosen Geldbetrag während unbegleiteter Zeiten auf der Außenwohngruppen. Die Leistungsnutzenden können den Geldbetrag ohne Einschränkung verwenden, z. B. für Lebensmittel. Persönliche Anschaffungen sind jedoch ausgeschlossen. Das Begleitteam stellt fest, dass der bedingungslose Geldbetrag nie angerührt wird. Es ist unsicher über die Gründe dafür und ob die Intervention überhaupt dazu taugt, Selbstbestimmung zu stärken. Deswegen plant das Team ein kleines Entwicklungsprojekt, das sich auf den Umgang mit dem Geldbetrag konzentriert. Das Projekt soll die zentralen Zusammenhänge zwischen Intervention, Wirkabsicht und Einflussfaktoren erhellen, die Erkenntnisse sollen dazu dienen, die Intervention zu verbessern oder grundsätzlich neue Zugänge zu entwickeln, wie das Wirkungsziel besser angesteuert werden kann.

Fallbeispiel 2: Entwicklung eines neuen Begleitsystems

Eine Werkstätte für Menschen mit Behinderungen hat die Begleitung der Leistungsnutzenden so organisiert, dass jeder Abteilung ein eigenes Team von Fachpersonen zur Verfügung steht. Übergreifende Begleiteinsätze finden nur gelegentlich statt, oft in Krankheitsfällen. Das Fachpersonal berichtet in diesem Zusammenhang von ebenso erstaunlichen wie erfreulichen Effekten: Mitarbeiter*innen mit Behinderungen beginnen unter dem offensichtlichen Einfluss der Personalknappheit oft damit, Verantwortung zu übernehmen und sich gegenseitig zu helfen. Weiter wird als störend festgestellt, dass bei Fachpersonen oft ungenutzte Anwesenheitszeiten entstehen, in denen die Mitarbeiter*innen mit Behinderungen wenig Unterstützung benötigen. Eine weitere störende Beobachtung ist, dass die bloße Anwesenheit der Fachperson im Raum Mitarbeiter*innen mit Behinderungen offensichtlich davon abhält, sich gegenseitig um Hilfe zu bitten. Die Fachpersonen sind und bleiben die erste Ansprechperson. Diese beschriebene Situation wird als ineffizient empfunden und sie behindert das Erreichen des pädagogischen Ziels der Verantwortungsübernahme und Peer-Hilfe in der Werkstätte, das basierend auf dem Empowerment-Konzept (vgl. Herriger 2020) im Leitbild verankert ist. Die Werkstätte beabsichtigt, ihr Begleitsystem weiterzuentwickeln, um ihre Wirkungsziele besser zu erreichen.

Fallbeispiel 3: Erfolgskontrolle eines bestehenden Projekts

Eine große Firma im allgemeinen Arbeitsmarkt möchte zehn inklusive Arbeitsplätze im eigenen Unternehmen schaffen. Eine Stiftung, die sich für benachteiligte Personen engagiert und in Verbindung mit der Gründerfamilie der Firma steht, plant, das Projekt in seiner Pilotphase finanziell zu unterstützen. Die Firma hat eine Dienstleitungsorganisation für Personen mit Behinderungen angefragt, das Projekt in Kooperation durchzuführen. Die Dienstleitungsorganisation ist ein erfahrener Player im zweiten Arbeitsmarkt und bringt viel Erfahrung mit beruflicher Teilhabe mit. Auf der anderen Seite kann die Firma Zugang zum allgemeinen Arbeitsmarkt bieten. Eine ideale Situation. Es wurde bereits ein Projektplan mit einer flexiblen Begleitstruktur entworfen: Bei hohem Begleitaufwand sollen Begleitpersonen von der Werkstätte für Menschen mit Behinderungen in der Firma unterstützend in die Arbeitssituation eingreifen und produktiv mitarbeiten können, was mit Blick auf Produktionsvorgaben der Firma interessant ist. Sinkt der

Unterstützungsbedarf, haben sie die Möglichkeit, sich zurückzuziehen. Zu Beginn des Projekts werden die Personen mit Behinderungen noch integrativ in einer eigenen Arbeitsgruppe innerhalb der Firma arbeiten. Mit zunehmender Erfahrung wird Inklusion in die Teams der Firma angestrebt. Die unterstützende Stiftung verbindet die finanzielle Unterstützung mit einer Evaluierung des Projekts. Es ist geplant, ein Wirkmodell als Grundlage für die Evaluation einzusetzen.

Fallbeispiel 4: Vergleich von Angeboten

Die Bereichsleitung eines Wohnhauses ist für zwei Wohnangebote verantwortlich, die sich an die gleiche Zielgruppe richten und beide das Wirkungsziel *Subjektiv gute Lebensqualität* verfolgen. Die Bereichsleitung stellt fest, dass beide Angebote sehr unterschiedlich arbeiten und auch je unterschiedliche Wirkungen erzielen. Die beiden Teams befassen sich unter dem Dach von Lebensqualität offensichtlich mit sehr unterschiedlichen Themen und reagieren unterschiedlich auf ähnliche Situationen. Während die eine Gruppe Lebensqualität mit großer Wahlfreiheit und einem lustbetonten Lebensstil in Verbindung bringt, betont die andere Gruppe einen gesunden Lebensstil und ein gutes Körpergefühl. Für die erste Gruppe bedeutet dies einen uneingeschränkten Zugang zu Lebensmitteln und regelmäßige Fast-Food-Events, während die zweite Gruppe auf Biogemüse, Maßhalten und einen in der Nacht abgeschlossenen Vorratsschrank setzt. Die Bereichsleitung ist ratlos in der Sache, zumal sie für die Qualitätssicherung verantwortlich ist. Sie möchte zunächst verstehen, wie diese Unterschiede zustande kommen, um mögliche Interventionsstrategien ableiten zu können.

Auf den Punkt gebracht

Ein Wirkmodell beschreibt die Zusammenhänge zwischen verschiedenen Faktoren, die eine bestimmte Wirkung haben. Wenn mehrere solcher Zusammenhänge zu einem netzwerkartigen Modell zusammengeführt werden, entsteht ein Wirkmodell, das die zentralen 

Wirkfaktoren und Wirkungszusammenhänge aufzeigt und die Komplexität eines Themas reduziert. In anderen Berufsfeldern gibt es bereits zahlreiche Beispiele für netzwerkartige Wirkmodelle. Das Vorgehen kann problemlos in die Soziale Arbeit übertragen werden. Die eingeführten Fallbeispiele zeigen, dass mit Wirkmodellen auf sehr unterschiedliche Anliegen von Dienstleistungsorganisationen reagiert werden kann, die am Thema Wirksamkeit der eigenen Dienstleistungen interessiert sind. Beispielsweise können damit Evaluationsanliegen oder auch die Entwicklung von Innovationen bearbeitet werden.

Reflexionsfragen

- Gibt es für mich als Professionelle*r der Sozialen Arbeit Wirkungsziele, die mich interessieren und die ich wichtig finde, die ich aber nicht richtig in den Griff bekomme?
- Arbeite ich in einer Dienstleistungsorganisation, die Wirkungsziele oder Qualitätsversprechen definiert, die meiner Meinung nach zu wenig wirkungsvoll bearbeitet werden?
- Gibt es bereits bestehende Wirkmodelle oder Beschreibungen von Wirkungszusammenhängen aus anderen Kontexten, die ich auf mein Thema anwenden kann?
- Arbeite ich in einer Dienstleistungsorganisation, die die Wirkungsweise der eigenen Dienstleistungen nicht verständlich erklären kann, insbesondere gegenüber dem Leistungsträger?
- Arbeite ich an einer innovativen Praxisintervention, bei dem die Wirkungsziele klar sind, eine geeignete Intervention aber noch fehlt?
- Bin ich in ein Praxisprojekt eingebunden und möchte den Erfolg des Projekts beobachten und darüber berichten?
- Habe ich das Gefühl, dass andere Professionelle oder andere Dienstleistungsangebote wirksamer auf ein Wirkungsziel hinarbeiten als ich, aber ich weiß nicht, warum das so ist?

Weiterführende Literatur

Ajzen, Icek (2005). Attitudes, Personality and Behavior. Berkshire: Open University Press. 

Bortz, Jürgen, Schuster, Christof (2010). Pfadanalyse. In: Statistik für Human- und Sozialwissenschaftler (435–452). Berlin, Heidelberg: Springer.

Harald, Tornow, Kluve, Jochen (2022). Fachlexikon der Sozialen Arbeit. Hrsg. vom Deutschen Verein für öffentliche und private Fürsorge e. V (992–996). Baden-Baden: Nomos.

3 Bestandteile und Werkzeuge für den Bau eines Wirkmodells

☞ **Überblick**

In diesem Kapitel werden die wesentlichen Elemente zur Erstellung eines Wirkmodells eingeführt und ihre Verwendung in der Form von Darstellungsvorschlägen erläutert. Mit diesen Kenntnissen können Anwender*innen erste Schritte in die Welt der Wirkmodelle wagen, indem sie beispielsweise ein eigenes Wirkungsziel in Zusammenhang mit einflussnehmenden Wirkfaktoren bringen und die Wirkungszusammenhänge als Netzwerk darstellen. Mit dem hier vermittelten Wissen werden Grundlagen für weitere Schritte wie Wirkungsmessungen und/oder wirkungsorientierte Interventionsentwicklungen gelegt.

An dieser Stelle wird eine Darstellungsform vorgestellt, die sich in den letzten Jahren in unseren Praxisprojekten herausgebildet und bewährt hat. Als Grundlage zur grafischen Darstellung nutzen wir sog. Pfaddiagramme. Pfaddiagramme ermöglichen eine anschauliche Darstellung von mehrdimensionalen Ursache-Wirkungs-Beziehungen und erleichtern damit das Verständnis für Entstehungsbedingungen von Wirkungen. Die statistischen Möglichkeiten, die sich aus Pfaddiagrammen ergeben, sind umfangreich und gehen weit über die in dieser Publikation eingeführten Möglichkeiten hinaus. Nichtsdestotrotz ist die Systematik der Darstellung von Pfaddiagrammen auch ohne angeschlossene komplexe statistische Berechnungen auf für Praktiker*innen sehr hilfreich.

Pfaddiagramm

Ein Pfaddiagramm ist eine graphische Darstellung von Entscheidungsprozessen oder Abläufen, die aus einer Ausgangssituation zu einem oder mehreren möglichen Ergebnissen führen können. Dabei werden die verschiedenen Schritte des Prozesses als Kästchen dargestellt und durch Pfeile verbunden, die den Verlauf des Prozesses und damit die Wirkungsrichtung anzeigen. Ein Pfaddiagramm, das auch als Entscheidungsbaum bezeichnet wird, findet Anwendung in verschiedenen Bereichen wie z. B. der Wirtschaft, der Informatik oder der Statistik (vgl. Ott & Longnecker 2010). Pfaddiagramme werden beispielsweise bei statistischen Strukturgleichungsmodellen oder Regressionsanalysen, mit denen sogar prognostische Aussagen berechnet werden können, als Darstellungsform verwendet.

Bevor wir mit dem Zusammenbauen von Wirkmodellen beginnen können, bestimmen wir die einzelnen Elemente und deren Funktion und Darstellungsweise. Sie sind die Baumaterialien des Wirkmodells. Während der nachfolgenden Einführung der Elemente werden diese zur Veranschaulichung immer wieder auf das erste Fallbeispiel mit der Wohngruppe bezogen, in dem der frei Zugängliche Geldbetrag von den Leistungsnutzenden nicht angerührt wird (Fallbeispiel 1, ▶ Kap. 2.4).

3.1 Wirkungsziel

In sozialen Dienstleistungsorganisationen wird als Wirkungsziel das beabsichtigte Ergebnis der eigenen Dienstleistung oder des eigenen Angebots definiert. Unsere Praxisprojekte zeigen, dass bestimmte Wirkungsziele immer wieder in gleicher oder ähnlicher Form anzutreffen sind, beispielsweise übergeordnete normative Vorgaben wie Inklusion, Selbstbestimmung oder Wahlfreiheit. Es sind aber auch regelmäßig Alleinstellungsmerkmale der Dienstleistungsorganisationen anzutreffen, die für die spezifische Dienstleistungsorganisation nicht zwingend im Sinne von gesetzlichen Vorgaben, aber dennoch besonders wichtig sind. Mit Alleinstellungsmerkmalen wollen sich Dienstleistungsorganisationen von anderen abheben. Wie in Kapitel 1.3 und fortführend bereits eingeführt (▶ Kap. 1.3) hat sich in unseren Praxisprojekten bewährt, Alleinstellungsmerkmale als Qualitätsversprechen zu bezeichnen. Wirkungsziele und Qualitätsversprechen bezeichnen dieselben Funktionen, sie unterscheiden sich lediglich durch ihre Verbindlichkeit. Bei der nachfolgenden Verwendung des Begriff Wirkungsziel sind Qualitätsversprechen mitgemeint.

 Wir empfehlen eine Raute für die Darstellung von Wirkungszielen.

Vor der Einführung der weiteren Baumaterialien ist das Festhalten der Annahme wichtig, dass es bestimmte Bedingungen gibt, unter denen das Wirkungsziel mit hoher Wahrscheinlichkeit erreicht oder seine Erreichung zumindest beeinflusst werden kann. Ein Wirkungsziel steht am Ende eines netzwerkartigen Zusammenhangs von verschiedenen Einflussfaktoren. Ein Ausschnitt aus diesem netzwerkartigen Zusammenhang ist das eigentliche Wirkmodell. Alle Verbindungen des Netzwerks laufen auf das Wirkungsziel zu, und alle vorgelagerten Einflussfaktoren sind ursächlich für die Ausprägung des Wirkungsziels mitverantwortlich. Es können auch mehrere Wirkungsziele am Ende der Kette stehen. Wirkungsziele sind nicht statisch. Sie können sich je nach Fokus des Wirkmodells verschieben und in der Kaskade des Netzwerks nach unten oder oben rutschen und einem höher gelagerten Wirkungsziel Platz machen. Das vormalige Wirkungsziel verliert in diesem Fall seine Rolle und wird selbst zum Einflussfaktor.

3.2 Wirkfaktor

In der Einführung der Wirkungsziele werden Einflussfaktoren erwähnt, die Wirkungsziele beeinflussen. Diese Beeinflussung erfordert eine ursächliche Kraft, die für die Veränderung des Wirkungsziels verantwortlich ist. Ohne Ursache keine Wirkung. Unterstellte Ursache-Wirkungs-Zusammenhänge sollten idealerweise auf solidem Wissen basieren, wie beispielsweise Ergebnissen aus Studien oder eigenen Beobachtungen: In Kapitel 4 wird genau dargelegt, wie Wirkfaktoren aufgespürt werden können (▶ Kap. 4). Die Ursache in dieser Terminologie nennen wir Wirkfaktor. Wirkfaktoren können auf unterschiedlichen Ebenen angesiedelt sein, sie sind z. B. persönliche Eigenschaften, gesellschaftliche Einflüsse oder strukturelle Rahmenbedingungen in einer Dienstleistungsorganisation. Einige Wirkfaktoren sind interessant für das Ansteuern von Wirkungszielen, weil sie leicht beeinflusst und verändert werden können. Sie bieten sich für die Wirkungssteuerung durch eine Intervention an. Andere Wirkfaktoren wiederum liegen außerhalb unseres Einflussbereichs der Dienstleistungsorganisation. Sie müssen wir auch im Blick haben, für Interventionen sind sie aber uninteressant. Oft sind mehrere Wirkfaktoren für die Beeinflussung eines Wirkungsziels verantwortlich. In diesem Fall werden die wichtigsten einflussnehmenden Wirkfaktoren in das Modell aufgenommen.

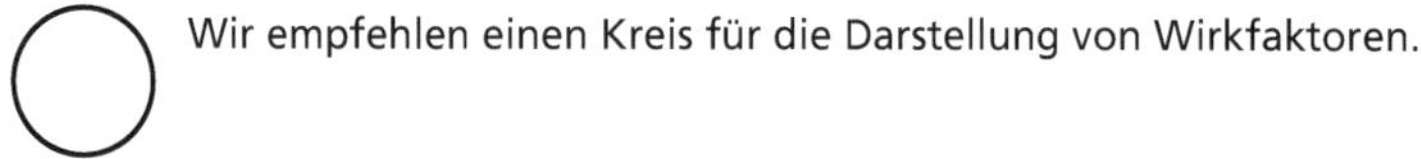

Wir empfehlen einen Kreis für die Darstellung von Wirkfaktoren.

3.3 Wirkung

Eine Wirkung beschreibt die Veränderung eines Wirkungsziels oder eines Wirkfaktors aufgrund der Beeinflussung von mindestens einem ursächlichen Wirkfaktor, weil sich dessen Zustand verändert. Die Veränderung des ursächlichen Wirkfaktors kann dabei durch eine absichtliche Maßnahme oder Intervention eintreten, kann aber auch zufällig sein. Die Art und Richtung der Veränderung beim beeinflussten Wirkungsziel oder bei den Wirkfaktoren ist für die Wirkung unerheblich. Zentral ist nur die Tatsache, dass sich der Zustand des Wirkungsziels aufgrund eines Ursache-Wirkungs-Zusammenhangs verändert. Die Wirkung kann sich also positiv oder negativ zu den Zielen der Dienstleistungsorganisation verhalten. Beides wird als Wirkung bezeichnet.

3.4   Wirksamkeit

Wirksamkeit bezieht sich darauf, wie effektiv eine bestimmte Maßnahme oder Intervention ist, um ein angestrebtes Wirkungsziel zu erreichen. Es geht also um die gezielte und kontrollierte Ausrichtung der Wirkung auf ein Ziel, also um die absichtliche Verringerung der Differenz zwischen IST und SOLL des Wirkungsziels. Idealerweise überprüfen Dienstleistungsorganisationen die Wirksamkeit ihrer Angebote mit Messungen, damit sie den Erfolg ihrer Interventionen oder Maßnahmen überprüfen können. Wirksamkeit ist demnach das Maß an Erfolg, das eine Maßnahme oder Intervention in Bezug auf definierte Ziele erreicht hat. Wenn in Dienstleistungsorganisationen bewusst Wirkmodellen für Wirksamkeitsüberprüfungen eingesetzt werden, werden vor der Entwicklung von Maßnahmen oder Interventionen mit dem Wirkmodell prognostische Annahmen darüber getroffen, mit welchen Impulsen bestimmte Wirkungsziele wie stark in welche Richtung bewegt werden können.

Für unser Anliegen, das kontrollierte Entwickeln und Steuern von Dienstleistungen für Personen mit Behinderungen, sind die Wirkfaktoren der Schlüssel zur Wirksamkeit. Sie eröffnen den Zugang zu möglichen Interventionen. Wenn wir wissen, welche Faktoren unsere Ziele beeinflussen und wir diese gut beeinflussen können, haben wir eine bessere Chance, unsere Ziele erfolgreich in die gewünschte Richtung zu lenken.

3.5 Wirkungszusammenhang

Wirkung und Wirksamkeit wird, wie oben eingeführt, durch die ursächliche Einwirkung von mindestens einem Wirkfaktor auf ein Wirkungsziel ausgelöst. Die Verbindung, die durch diese Beeinflussung beschrieben wird, wird als Wirkungszusammenhang bezeichnet. Das Darstellen der Verbindung zwischen einem Wirkfaktor und einem Wirkungsziel ist das kleinstmögliche Wirkmodell. Es sind auch Wirkungszusammenhänge zwischen zwei Wirkfaktoren möglich. Ein Wirkungszusammenhang zeigt an, in welcher Weise zwei Faktoren miteinander interagieren und welchen Einfluss sie aufeinander nehmen. Die beiden Faktoren stehen also in Abhängigkeit zueinander, weil der Wirkfaktor das Wirkungsziel als Ursache-Wirkungs-Beziehung beeinflusst. Ein Wirkungszusammenhang kann immer als Hypothese im Sinne einer Wenn-Dann-Relation formuliert werden. In einer Dienstleistungsorganisation gibt es Wirkfaktoren, auf die wir keinen oder wenig Einfluss haben und es gibt Wirkfaktoren mit einem hohen Freiheitsgrad, die sich für Maßnahmen und Interventionen anbieten.

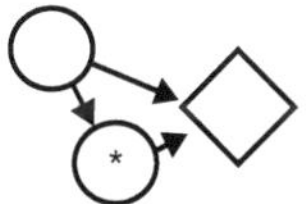

Die Feststellung, dass ein Wirkfaktor Einfluss auf ein Wirkungsziel oder andere Wirkfaktoren ausübt, stellen wir mit einem Pfeil in Wirkungsrichtung dar. Wirkfaktoren, auf die wir keinen oder wenig Einfluss haben, markieren wir mit einem Stern (für Wirkungsrichtung ▶ Kap. 3.7).

Im folgenden Kasten wird auf ein Thema eingegangen, dass bereits ein hohes Niveau in Richtung Wissenschaft anschlägt und deshalb von Einsteiger*innen in das Thema auch übersprungen werden kann.

Wirkungsstärke

Ein Wirkungszusammenhang zwischen einem Wirkfaktor und einem Wirkungsziel kann unterschiedlich stark ausgeprägt sein. Die Stärke des Zusammenhangs gibt uns Aufschluss darüber, mit welcher Wahrscheinlichkeit der unterstellte Zusammenhang bei unterschiedlichen Personen auftritt. In der Wissenschaft werden Zusammenhänge z. B. mit Korrelationsberechnungen untersucht. Wird ein Wirkungszusammenhang ohne Wirkungsrichtung statistisch bestätigt, sprechen Forschende von einer signifikanten Korrelation. Die Stärke der signifikanten Korrelation wird mit dem Korrelationskoeffizienten berichtet, dieser Wert wird nach schwachem (*), mittlerem (**) und starkem (***) Effekt unterteilt. Korrelationswerte werden auf einer Skala von -1 bis +1 angegeben. -1 bedeutet eine perfekte negative Korrelation, 0 bedeutet keine Korrelation, und +1 bedeutet eine perfekte positive Korrelation. Wird die Wirkungsrichtung zwischen zwei Wirkfaktoren oder einem Wirkungsziel mit spezifischen statistischen Berechnungen festgestellt, wird von Kausalität gesprochen. Kausalität beinhaltet eine Regressions- oder Korrelationsanalyse und zusätzlich eine gut abgestützte Theorie, die zwei oder mehr Variablen miteinander verbindet. Für statistische Berechnungen wird spezielle Software wie *SPSS*, *SAS* oder *Stata* benötigt.

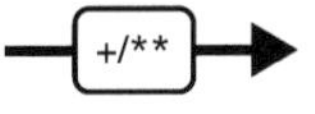

Um die Wirkungsstärke darzustellen, greifen wir auf die Darstellung der Wissenschaft zurück und schlagen vor, die Wirkungsstärke in schwach, mittel und stark einzuteilen und mit den Symbolen *, ** und *** zu kennzeichnen. Diese Einteilung ergänzt die Bewertung mit einem Plus oder Minus, welche die Wirkungsrichtung angibt.

3.6 Kennzahl

Idealerweise werden Wirkungsziele und Wirkfaktoren mit Kennzahlen messbar gemacht. Kennzahlen sind nützlich, um den Grad der Zielerreichung einzuschätzen und überprüfbare Ziele zu formulieren. Wenn Kennzahlen zu verschiedenen Messzeitpunkten erfasst werden, lässt sich die Entwicklung von Wirkfaktoren und Wirkungszielen leicht veranschaulichen. Dienstleistungsorganisationen, die an Qualität, Effizienz und Effektivität interessiert sind, streben danach, den Zusammenhang zwischen den Wirkfaktoren und dem Wirkungsziel zu kontrollieren. Mit Kennzahlen kann der Wirkungszusammenhang besonders gut sichtbar gemacht werden. Eine Kennzahl ist also eine quantifizierbare Größe, die verwendet wird, um den Zustand, den Fortschritt oder den Erfolg eines Vorhabens, Projekts oder Prozesses abzubilden. Kennzahlen dienen dazu, komplexe Sachverhalte in einfache Zahlen oder Verhältnisse zu übersetzen, damit erleichtern sie Entscheidungen. Sie können aus den unterschiedlichsten Daten abgeleitet werden und sind bestenfalls standardisiert. Mit standardisierten Kennzahlen werden aussagekräftige Vergleiche zwischen verschiedenen Einheiten oder Zeiträumen möglich (für differenzierte Ausführung zur Messbarmachung ▶ Kap. 5).

Obwohl in den 1990er Jahren mit Qualitätsmanagementsystemen betriebswirtschaftliche Kennzahlen auch in der Sozialen Arbeit Einzug gehalten haben, ist die Messung von Kennzahlen, die den Kernbereich der Sozialen Arbeit betreffen, beispielsweise zu Autonomie, Selbstbestimmung, Mitwirkung oder Inklusion, noch kaum verbreitet und erforscht. Wir stellen aber ein deutlich wachsendes Interesse der Praxis an diesem Thema fest.

4/10 — Wir schlagen vor, Kennzahlen in einem Kasten darzustellen, mit dem Wirkfaktoren und Wirkungsziele ergänzt werden. Die gemessene oder eingeschätzte Ausprägung des Wirkungsziels steht an erster Stelle, hinter einem Schrägstrich wird die verwendete Skala angegeben. Damit kann die Höhe des Werts eingeschätzt werden.

Fallbeispiel 1: Verbesserung von Selbstbestimmung auf der Wohngruppe

Übertragen wir die eingeführten Elemente von Wirkmodellen auf das Fallbeispiel mit dem frei verfügbaren Geldbetrag für die Angebotsnutzenden, kann das Wirkungsziel mit *Geldbetrag selbstbestimmt einsetzen* bezeichnet werden (▶ Abb. 1). Weil wir uns bis jetzt noch nicht um

Fragen der Messbarkeit gekümmert haben, gehen wir hier zunächst unbedarft davon aus, dass der Grad der Selbstbestimmung auf einer Skala von 0 bis 10 eingeschätzt werden kann, und weil wir beobachten, dass niemand der Leistungsnutzenden den Geldbetrag anrührt, bewerten wir die Kennzahl mit null. Nun könnte ein interessantes Wirkungsziel darin bestehen, den Grad der Selbstbestimmung bei der Verwendung des Geldbetrags von 0 auf 4 auf dieser Skala zu erhöhen. Die Ausgangsvermutung des Begleitteams der Wohngruppe ist: Je üppiger die Vorräte auf der Wohngruppe gefüllt sind, desto niedriger ist die Wahrscheinlichkeit, dass die Angebotsnutzenden den Geldbetrag antasten. Auf der anderen Seite ist die Annahme plausibel, dass weniger Vorräte die Notwendigkeit erhöhen, fehlende Produkte einzukaufen. Derzeit ist das Begleitteam für den Füllstand der Vorräte verantwortlich und hat diesbezüglich große individuelle Gestaltungsmöglichkeit.

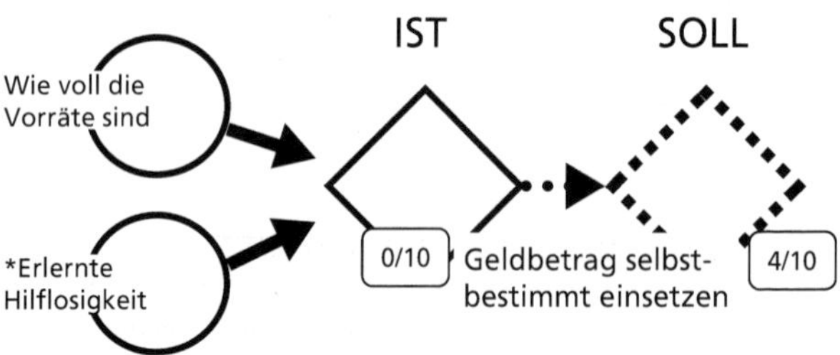

Abb. 1: Fallbeispiel 1 – Wirkungsziel und Wirksamkeit

Weiter ist aus der Theorie bekannt, dass Sozialisationseffekte durch Institutionen oder überfürsorgliche Erziehungsberechtigte zu einer sog. erlernten Hilflosigkeit führen können (vgl. Seligman, Petermann & Rockstroh 1999). Mit erlernter Hilflosigkeit erlauben sich Personen allenfalls nicht, frei zugängliches Geld für persönliche Zwecke einzusetzen. Sie haben gelernt, dass dies Begleitpersonen oder Erziehungsberechtigte kompetenter können. Erlernte Hilflosigkeit ist kurzfristig schwer zu beeinflussen und wird vom Begleitteam deshalb vorläufig mit einem Stern markiert.

3.7 Wirkungsrichtung

Wenn ein Wirkfaktor einen ursächlichen Einfluss auf einen anderen Wirkfaktor oder ein Wirkungsziel hat, spricht man von einem Wirkungszusammenhang mit einer gerichteten Wirkungsrichtung. Weniger Begleitpersonen auf einer Wohngruppe lösen z. B. mehr Peer-Hilfen unter den Angebotsnutzenden aus. Manchmal können an beiden Enden eines Wirkungszusammenhangs gleichzeitige Veränderungen festgestellt werden, auch wenn die Richtung von Ursache und Wirkung aber noch nicht bekannt ist. Dann spricht man von einer ungerichteten Wirkungsrichtung. Die Wirkungsrichtung kann positiv oder negativ sein. Das Beispiel mit den Peer-Hilfen beschriebt einen negativen Wirkungszusammenhang, weil ein Absenken des Begleitumfangs ein Anstieg der Peer-Hilfen auslöst. Ein positiver Wirkungszusammenhang verhält sich in entgegengesetzter Richtung, beispielsweise wenn ein Anstieg des Begleitumfangs auch ein Anstieg von Verhaltensweisen zur Folge hat, die für erlernte Hilflosigkeit typisch sind (vgl. Seligman, Petermann & Rockstroh 1999; ▶ Kap. 3.6).

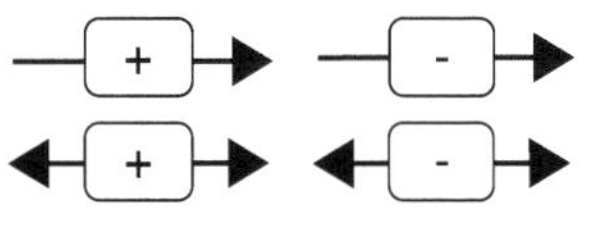

Die Verbindung zwischen Wirkfaktor und Wirkungsziel stellen wir im Falle einer gerichteten Wirkungsrichtung mit einem Pfeil in Wirkungsrichtung dar. Für eine ungerichtete Wirkungsrichtung wird ein Doppelpfeil verwendet. Positive Wirkungszusammenhänge werden mit einem Plus markiert, negative mit einem Minus.

Ein Wirkungszusammenhang lässt sich am einfachsten identifizieren, wenn wir Wirkungsziele und Wirkfaktoren mit Kennzahlen versehen (▶ Kap. 3.6). Liegen Kennzahlen auf beiden Seiten des Zusammenhangs vor, lässt sich darstellen, ob sich die beiden Enden gegenseitig beeinflussen.

Wenn wir nun die Ausprägung des ursächlichen Wirkfaktors und des Wirkungsziels mit Kennzahlen versehen, die vor und nach einer Veränderung des Wirkfaktors erhoben wurden, kann der Wirkungszusammenhang einfach festgestellt werden. Bei einer positiven Wirkungsrichtung steigt bei einem Anstieg der Ausprägung zwischen Messzeitpunkt 1 und Messzeitpunkt 2 beim Wirkfaktoren auch die Ausprägung beim Wirkungsziel, bei einem negativen Wirkungszusammenhang verhält es sich in gegengesetzter Richtung. Mit solchen Grundlagendaten ist auch die Berechnung des Wirkungszusammenhangs mit statistischen Programmen möglich.

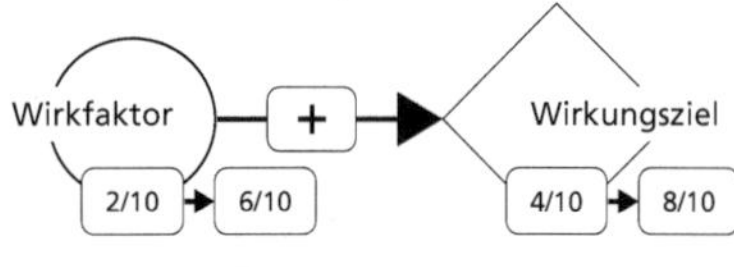

Die Ausprägung der Kennzahl bei Wirkfaktor und Wirkungsziel werden durch zwei Kästen mit den entsprechenden Kennzahlen dargestellt. Der linke Kasten behinhaltet die Ausprägung zu Messzeitpunkt 1, der zweite Kasten zu Messzeitpunkt 2.

Fallbeispiel 1: Verbesserung von Selbstbestimmung auf der Wohngruppe

Wenn wir diese Überlegungen auf unser Fallbeispiel anwenden, könnte das Begleitteam die folgenden Hypothesen formulieren (▶ Abb. 2):

- Je mehr Vorräte gelagert sind, desto kleiner die Notwendigkeit, Dinge für den täglichen Gebrauch einzukaufen.
- Je größer die Notwendigkeit, Dinge für den täglichen Gebrauch einzukaufen, desto größer die Wahrscheinlichkeit, dass der frei verfügbare Geldbetrag genutzt wird.
- Je größer die Prägung durch erlernte Hilfelosigkeit (vgl. Seligman, Petermann & Rockstroh 1999), desto kleiner die Wahrscheinlichkeit, dass der freie Geldbetrag genutzt wird.

Bereits jetzt können erste Überlegungen zu möglichen Interventionen angestellt werden: Das Bewirtschaften der Vorräte kann von den Begleitpersonen leicht beeinflusst werden, wodurch dieser Wirkfaktor potenziell interessant für die aktive Ansteuerung des Wirkungsziels ist. Erlernte Hilflosigkeit hingegen ist auf tief verwurzelte Sozialisationseffekte zurückzuführen und ist damit nur schwer zu verändern. Wichtig wird diese Feststellung auch bei der Bewertung der Wirksamkeit von allfälligen Interventionen, denn bei Angebotsnutzenden mit einer stark ausgeprägten erlernten Hilflosigkeit darf die Wirksamkeitserwartung nicht allzu hoch ausfallen, weil die Wirksamkeit durch die erlernte Hilflosigkeit abgeschwächt werden dürfte.

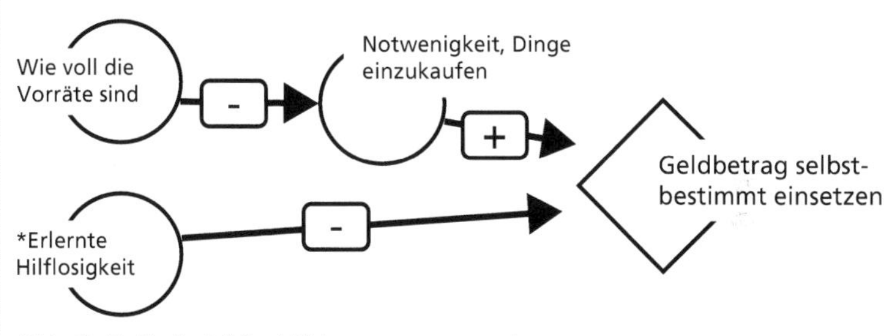

Abb. 2: Fallbeispiel 1 – Wirkungszusammenhang

3.8 Ausrichtung des Wirkmodells

Bei der Definition des Begriffs Wirkungsziel in Kapitel 3.1 wurde darauf hingewiesen, dass Wirkungsziele am Ende eines netzwerkartigen Zusammenhangs stehen (▶ Kap. 3.1). Dies bedeutet, dass wir es bei einem Wirkmodell mit komplexen Beziehungen zwischen verschiedenen Faktoren zu tun haben, die miteinander in Verbindung stehen. Innerhalb dieser Netzwerkstruktur können auch Wirkfaktoren untereinander in einem Wirkungszusammenhang stehen. Einzelne Wirkfaktoren müssen nicht zwangsläufig direkt mit dem Wirkungsziel verbunden sein, sie können auch als sog. Determinanten für vorgelagerte Wirkfaktoren fungieren, die wiederum mit dem Wirkungsziel verbunden sind. Es ist möglich, in ein Wirkmodell mehrere Wirkungsziele aufzunehmen.

Bei der Darstellung der Wirkungszusammenhänge wird die Ausrichtung wie bei Pfaddiagrammen am Fluss der Wirkungsrichtung ausgerichtet. Idealerweise sind die Modelle so gestaltet, dass die Leserichtung von links nach rechts verläuft und das Wirkungsziel oder die Wirkungsziele am rechten Rand positioniert werden (▶ Abb. 3).

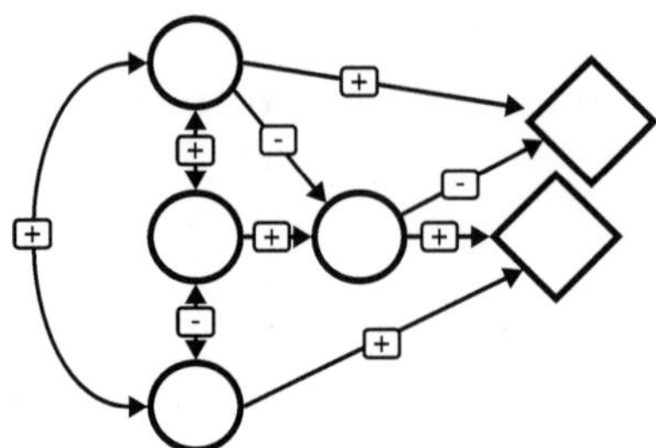

Abb. 3: Ausrichtung des Wirkmodells

Diese Ausrichtung, die wir mit Durchkämmen beschreiben, erfordert etwas Übung, es ist auch nicht immer möglich, jede einzelne Wirkungsrichtungen von links nach rechts auszurichten. Dennoch ist es ratsam, eine grundsätzliche Ausrichtung in dieser Ordnung anzustreben, da dies die Lesbarkeit des Modells verbessert.

3.9 Die Zoom-Schlaufe

Dienstleistungsorganisation, die mit Wirkmodellen arbeiten, erzeugen mit jedem Entwicklungs- oder Verbesserungsprojekt neue und immer ausdifferenziertere Wirkmodelle, die sich zu einem einzigen übergeordneten Netzwerk verbinden lassen. Dieses übergeordnete Wirkmodell als Ganzes ist zu komplex, als dass es sinnvoll für ein einzelnes Veränderungsprojekt verwendet werden kann. Es hat sich bewährt, die für das aktuelle Projekt relevanten Wirkfaktoren aus dem übergeordneten Wirkmodell herauszulösen und Teilbereiche zu fokussieren. Unser Fallbeispiel 1 mit dem bedingungslosen Geldbetrag illustriert dies gut: Das übergeordnete Wirkungsziel der Wohngruppe ist die Förderung von Selbstbestimmung;

Selbstbestimmung berührt eine Vielzahl lebenspraktischer Aktivitäten. Das Entwicklungsprojekt fokussiert vorläufig aber nur den Geldbetrag für Vorräte. Damit wird das Thema übersichtlich und kontrollierbar. Im fokussierten Wirkmodell ist *Geldbetrag selbstbestimmt einsetzen* das Wirkungsziel, während es im übergeordneten Wirkmodell ein Wirkfaktor ist, der auf das Wirkungsziel *Selbstbestimmung* zuläuft. Je nach Fokus können sich also die Rollen der Faktoren verschieben. Nach der fokussierten Bearbeitung eines Entwicklungs- oder Verbesserungsprojekt fließen die neu gewonnenen Erkenntnisse wieder zurück in das übergeordnete Wirkmodell. Vom erzeugten Wissen können dann wiederum nachfolgende Entwicklungsprojekte profitieren, die vielleicht einen anderen Fokus anlegen, aber angrenzende Wirkungszusammenhänge berühren.

Wir nennen diesen Prozess Zoom-Schlaufe (▶ Abb. 4). Die Zoom-Schlaufe zeigt, dass die Arbeit mit Wirkmodellen ein dynamischer Prozess ist, der dem Erkenntnisprozess aller Beteiligten folgt und diesen abbildet und dokumentiert (zu Wissensmanagement ▶ Kap. 6).

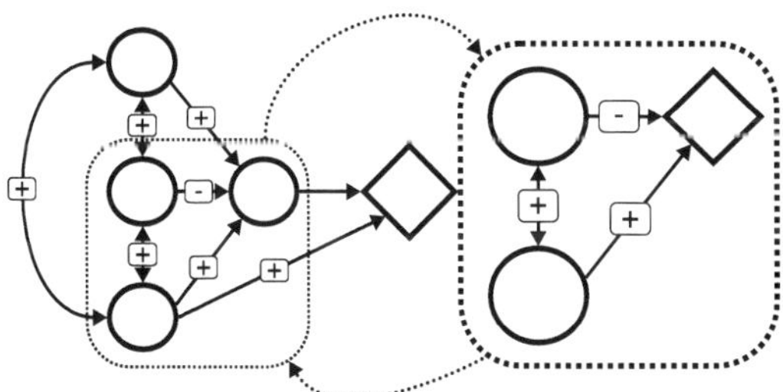

Abb. 4: Die Zoom-Schlaufe

Auf den Punkt gebracht

Mithilfe eines Vorgehens, der sich an in der Wissenschaft verwendeten Pfaddiagrammen orientiert, lassen sich komplexe Ursache-Wirkungs-Beziehungen verständlich darstellen. Diese Darstellungsform ist trotz ihrer Herkunft praxisnah, denn sie dient im vorliegenden Kontext nicht dem Ziel, robuste Modelle zu erstellen, die allen wissenschaftlichen Gütekriterien entsprechen, sondern sie soll als grafisches Hilfsmittel 

komplexe Zusammenhänge plausibel erklären. Der Ausgangspunkt des vorgestellten Ansatzes ist das Wirkungsziel, das durch Maßnahmen oder Interventionen über die Veränderung von Wirkfaktoren besser erreicht werden soll. Durch die Verwendung von Kennzahlen kann die Zielerreichung gemessen und der Einfluss der Wirkfaktoren sichtbar gemacht werden. Die Wirksamkeit einer Intervention wird schließlich anhand des Unterschieds zwischen dem Ist- und Sollzustand vorhergesagt, wobei die Messung der Veränderung die Wirkung nachzeichnet. Das Verständnis dieser Elemente und die Darstellung der Wirkungszusammenhänge ermöglicht die Entwicklung und Steuerung von Angeboten und Leistungen. Obwohl keine streng wissenschaftlichen Standards eingehalten werden müssen, ist dieser Ansatz dennoch an solche Standards angelehnt, da er entsprechende Methoden nutzt. Dies bringt Vorteile bei der Lesbarkeit der Wirkmodelle und es erleichtert den Zugang zu einer allfälligen später beschlossenen wissenschaftlichen Wirkungsevaluation.

Reflexionsfragen

- Bin ich mir als Professionelle*r der Sozialen Arbeit bewusst, an welche Wirkungsziele meine Arbeit gebunden ist?
- Habe ich Ideen, welche Wirkfaktoren ursächlich für Wirkungsziele sind, an die ich als Professionelle*r gebunden bin?
- Habe ich Ideen, warum bestimmte Wirkungsziele in Feldern der Sozialen Arbeit nicht zufriedenstellend erreicht werden?
- Gibt es Praxisthemen, die ich als Professionelle*r grundsätzlich besser verstehen möchte? Könnten Wirkungsziele daraus abgeleitet werden?
- Habe ich Ideen, Erfahrungen oder Beobachtungen dazu, was den Zustand von wichtigen Wirkungszielen beeinflussen könnte?
- Gibt es blinde Flecken, die in irgendeiner Form Einfluss auf wichtige Wirkungsziele nehmen, die ich aber nicht durchschaue?
- Habe ich als Professionelle*r ein Bewusstsein für wichtige Wirkfaktoren, die wir als Fachpersonen nur schwer oder gar nicht verändern können?

Weiterführende Literatur

Ott, R. Lyman, Longnecker, Michael (2010). An Introduction to Statistical Methods and Data Analysis. 6. Aufl. Belmont: Brooks/Cole. 
Bünting, Frank (2013). Vom Messen von Prozessen zum Steuern von Unternehmen. Ein Leitfaden von der Kennzahl zum Wirkmodell. Zentraler Arbeitskreis Qualität und Management. Frankfurt a. M.: VDMA.
Boecker, Michael, Weber, Michael (2021). Wie lässt sich die Wirksamkeit von Eingliederungshilfe messen? Sozialwissenschaftliche Anregungen von Michael Boecker und Michael Weber. Deutscher Verein für öffentliche und private Fürsorge. Freiburg: Lambertus.

4 Wirkmodelle entwickeln

☞ **Überblick**

In diesem Kapitel wird der Prozess der Wissenssammlung, der Ordnung von Wissen und des Aufbaus von Wirkmodellen behandelt. Die Sammlung von neuem Wissen zum untersuchten Gegenstand bildet den Grundstein für Wirkmodelle. Dabei können verschiedene Arten von Wissen wie Evidenz, Experimente, Theorien, Beobachtungen oder Medien einfließen. Die zusammengetragenen Wissensbestände werden im zweiten Schritt gesichtet und geordnet, hypothetische Zusammenhänge werden identifiziert und Überschneidungen bereinigt. Auf der Basis der belastbaren und aussagekräftigen Zusammenhänge, die als Hypothesen formuliert werden, wird anschließend das Wirkmodell konstruiert. Dabei spielen Darstellungsmöglichkeiten und Hilfsmittel eine wichtige Rolle. Anhand der ersten beiden Fallbeispiele werden in diesem Kapitel abschließend exemplarische Wirkmodelle vorgestellt.

4.1 Wissen erschließen

Bevor mit dem ›Bau‹ eines Wirkmodells begonnen werden kann, wird als erster Schritt eine möglichst umfassende Sammlung von Wissen zu dem Gegenstand durchgeführt, der bearbeitet werden soll. Damit wird das benötigte ›Baumaterial‹ zusammengetragen und vorbereitet. Dabei sind alle

Formen von Wissen interessant, die in irgendeiner Form zur Erhellung des zu untersuchenden Gegenstands beitragen können.

Im Fachdiskurs wurde in den letzten Jahren ein intensiver Diskurs darüber geführt, auf welches Wissen sich Profession und Disziplin der Sozialen Arbeit bei der Bearbeitung von Herausforderungen in der Praxis stützen können. Die sog. evidenzbasierte Praxis (vgl. Gredig & Sommerfeld 2010) ist dabei für die Arbeit mit Wirkmodellen eine interessante Position, weil sie unterstellt, dass sich eine gute Praxis bei Schlussfolgerungen oder Entscheidungen auf möglichst fundierte und belastbare Erkenntnisse stützt. Mit einer hohen Belastbarkeit der Erkenntnisse steigt die Wahrscheinlichkeit einer hohen Wirksamkeit der eigenen Handlungen. Im wissenschaftlichen Kontext bezieht sich Evidenz auf zuverlässige Daten, die methodisch kontrolliert erzeugt wurden und die den Anspruch erheben können, dass sie verallgemeinerbar sind, also in verschiedenen Kontexten und bei unterschiedlichen Personen Gültigkeit haben.

In unseren Praxisentwicklungsprojekten stellen wir fest, dass insbesondere Ressourcen und Zeit für ein streng wissenschaftliches und damit aufwändiges Vorgehen oft nicht vorhanden sind. In den meisten Fällen ist jedoch auch eine praktische und weniger wissenschaftliche Herangehensweise durchaus effektiv.

> Dennoch empfiehlt sich ein Festhalten an der Grundprämisse, die für die Praxis und die Wissenschaft gleichermaßen Gültigkeit hat: Bevor man sich der Lösung eines Praxisproblems widmet, sollte – unter der Berücksichtigung der verfügbaren Ressourcen – das bestmögliche Wissen über den zu bearbeitenden Gegenstand gesammelt werden.

Bei der Suche nach bestehenden Wissensbeständen oder der Generierung von neuem Wissen ist es hilfreich, die Aussagekraft der verschiedenen Wissensquellen zu berücksichtigen. Unten findet sich eine Auflistung von Wissensbeständen, geordnet nach ihrer Aussagekraft. Die Wissensbestände mit der höchsten Aussagekraft stehen oben, die Aussagekraft nimmt nach unten ab. Die Liste ist nicht abschließend und einzelne Rangfolgen könnten diskutiert werden. Sie dient nur als Orientierungshilfe, basierend auf dem Erfahrungswissen des Autors.

- Evidenz (wissenschaftlich durchgeführte Studien),
- Feldexperimente mit punktuellen Veränderungen im konkreten Alltag der Dienstleistungsorganisation mit einer systematischen Beobachtung der Wirkung,
- Theorien,
- Beobachtungen, Erzählungen und Erfahrungswissen aus dem Alltag der eigenen Praxis,
- logische Schlussfolgerungen, die aufgrund beobachteter Phänomene oder Dokumentationen gebildet werden,
- Informationen aus Medien wie Zeitungsartikel, Texte, Dokumentarfilme usw.

Überblickend können drei verschiedene Gruppen von Wissensbeständen identifiziert werden: Wissen von Dritten, bestehendes Wissen vor Ort und eigens erzeigtes Wissen. Diese unterscheiden sich in ihrer Beschaffenheit und der Art, wie sie erzeugt wurden. Nachfolgend werden die drei Gruppen differenzierter eingegrenzt und mit praktischen Hinweisen ergänzt.

Wissen von Dritten

Eine empfehlenswerte Vorgehensweise beim Zusammentragen von Wissen zu einem Thema ist die Recherche. Dabei wird in Bibliotheken oder im Internet nach veröffentlichten Studien, Theorien oder Artikeln gesucht, die das Thema behandeln. Die Nutzung von bereits vorhandenem Wissen, das andere Personen erzeugt haben und das für das eigene Thema relevant ist, erspart viel Arbeit. Mittlerweile gibt es auch eine Vielzahl an wissenschaftlichen und KI-gestützten Suchportalen, die rasch zu gut geordneten Übersichten von Forschungsarbeiten führen, inklusive guter Zusammenfassungen der Ergebnisse. Je genauer diese Wissensbestände das eigene Thema betreffen, desto leichter kann das Wissen auf den Gegenstand übertragen werden. Falls keine passgenauen Quellen gefunden werden, werden Wissensbestände beigezogen, die das Thema nur teilweise berühren. Es ist der Regelfall, dass Erkenntnisse aus Drittquellen mehr oder weniger auf das eigene Thema übertragen werden müssen. Je größer die

Transferüberlegungen, desto weniger belastbar sind die Annahmen, die aus den Quellen abgeleitet werden.

Bestehendes Wissen vor Ort

In der eigenen Praxis können vielfältige Wissensbestände gehoben werden, die buchstäblich vor der eigenen Haustür liegen und damit eine große Nähe zum Gegenstand aufweisen, der bearbeitet werden soll. Ein typisches Beispiel hierfür ist das Erfahrungswissen der Praktiker*innen und der Leistungsnutzenden. Dieses Wissen kann gut durch das Studium interner Dokumentationen, informelle Gespräche, strukturierte Interviews oder Gruppenworkshops erschlossen werden. Ein weiterer äußerst wertvoller Zugang besteht darin, Wissen durch eigene Beobachtungen an den Praxisorten zu generieren, an denen das zu bearbeitende Thema stattfindet. Dabei sind Beobachtungen an mehreren Orten, die unterschiedlich mit dem Thema umgehen, besonders interessant. Oftmals finden sich in der Praxis einzelne Fachpersonen, die im Alltag ungewöhnliche und mutige Wege gehen, die zu überraschenden Ergebnissen führen (vgl. Kaduk, Osmetz, Wüthrich & Hammer 2020). Es lohnt sich nicht nur, das Wissen in der eigenen Dienstleistungsorganisation zu nutzen, sondern auch Einblicke aus ähnlichen Dienstleistungsorganisationen einzuholen. Eine unkomplizierte teilnehmende Beobachtung vor Ort mit einem anschließenden Gespräch mit den beteiligten Fachpersonen und Leistungsnutzenden kann ressourcenschonend an einem halben Tag durchgeführt werden und führt oft zu wertvollerem Wissen als langwierige Literaturrecherchen.

Eigens erzeugtes Wissen

Ein weiterer Wissensbestand besteht aus neuem Wissen, das speziell für den Gegenstand erzeugt wird, der bearbeitet werden soll. Diese Form des Wissens steht in der Tradition des wissenschaftlichen Experiments. Dabei werden in einer definierten Umgebung bestimmte Dinge verändert – in der Wissenschaft als Manipulation von Variablen bezeichnet – und die daraus resultierenden Veränderungen werden beobachtet und festgehalten. Aus diesen Beobachtungen werden Schlussfolgerungen über Einflussfaktoren und Wirkungszusammenhänge gezogen. Die durch das Feldexperiment durchgeführten Veränderungen werden auf der Basis von Vorannahmen bestimmt. Wenn keine Vorannahmen bestehen, können die Veränderungen auch zufällig erfolgen. Idealerweise sind kurze Interventions- und Auswertungszeiträume vorgesehen und es werden seriell aufeinanderfolgende Veränderungen vorgenommen, die jeweils auf den Erkenntnissen aus den vorhergehenden Schlaufen aufbauen. In unseren Praxisentwicklungsprojekten wird diesem experimentell erzeugten Wissen eine besondere Bedeutung beigemessen.

Das Vorgehen bietet mehrere Vorteile: Erstens ermöglicht es ein frühzeitiges Eingreifen in die Praxis, was angesichts des hohen Handlungsdrucks, der an vielen Orten herrscht, von Vorteil ist. Zweitens werden langwierige Recherchen und Rekonstruktionsprozesse vermieden, die nicht selten von falschen Annahmen ausgehen. Experimente liefern zudem aktuelles und auf den Gegenstand zugeschnittenes Wissen, das unmittelbar in die Gestaltung des Wirkmodells einfließen kann. Drittens können mit experimentellen Ansätzen Praktiker*innen, die Veränderungen grundsätzlich skeptisch gegenüberstehen, leichter für eine Kooperation gewonnen werden, insbesondere wenn eine gemeinsame Auswertung nach der experimentellen Phase in Aussicht gestellt wird. Es ist jedoch wichtig zu beachten, dass dieses Vorgehen eine agile Organisation erfordert, die bereit ist, von einem klassisch linearen Ansatz abzuweichen, und die den spielerischen Umgang mit Organisationsentwicklung als Kultur bevorzugt.

4.2 Zusammenhänge verstehen und verbinden

Im nächsten Schritt wird das gesammelte Wissen zusammengetragen und geordnet. Falls Aufträge zur Wissensgewinnung (▶ Kap. 4.1) an mehrere Personen oder Gruppen verteilt wurden, empfiehlt es sich, einen Workshop durchzuführen. Erfahrungsgemäß können an einem halben Tag bereits recht komplexe Ergebnisse zusammengetragen und geordnet werden. Wenn z. B. für dieselben Faktoren je nach Quelle unterschiedliche Bezeichnungen verwendet werden, müssen diese bereinigt werden. Hypothetische Zusammenhänge werden herausgearbeitet und ausformuliert. Zusammenhänge, die mehrfach bestätigt werden, erhalten ein höheres Gewicht. Workshops haben den Vorteil, dass die Teilnehmenden mit Wissensbeständen konfrontiert werden, auf die sie in ihrer eigenen Recherche nicht gestoßen sind. Dadurch wird ihr Verständnis des untersuchten Gegenstands erweitert und differenziert. Möglicherweise müssen bisherige Annahmen revidiert oder korrigiert werden oder es zeigen sich Wissenslücken, denen noch nachgegangen werden muss. In diesen Workshops ist es nicht ungewöhnlich, dass mit einem besseren Verständnis des Themas auch das Thema selbst erneut infrage gestellt werden muss. Neues und bisher unbekanntes Wissen führt zu einem veränderten Blick auf das zu Beginn klar identifizierte Thema, was dazu führt, dass der Fokus auf ein zunächst unentdecktes oder unterbeleuchtetes Thema gelenkt wird.

4.3 Wirkmodell konstruieren

Mit einem konsistenten Bild des Gegenstands und einer ausreichenden Anzahl aussagekräftiger hypothetischer Zusammenhänge, die als Wenn-Dann-Relation die Verbindungen zwischen Wirkfaktoren und Wirkungszielen als Wirkungszusammenhang darstellen, kann nun die Konstruktion des Wirkmodells erfolgen. Die hypothetischen Zusammenhänge werden zu einem Netzwerk verbunden. Wenn den Darstellungsvorschlägen in Kapitel gefolgt wird, werden Wirkungsrichtungen mit einem Pfeil von links nach rechts ausgerichtet und am Ende der Wirkungsketten steht das Wirkungsziel oder die Wirkungsziele (▶ Kap. 3). Wichtig ist die Markierung, ob die Wirkungszusammenhänge positiv oder negativ sind. Ohne diese Angabe könnten später hypothetische Annahmen falsch gedeutet werden. Bevor das Wirkmodell vorläufig abgeschlossen wird, wird auch markiert, bei welchen Wirkfaktoren Einflussmöglichkeiten bestehen und welche Wirkfaktoren zwar wirkungsvoll sind, aber kaum beeinflusst werden können.

Tipp für die Umsetzung in der Praxis

Die Konstruktion eines Wirkmodells ist ein kreativer Prozess. Deswegen eignen sich Materialien und Hilfsmittel mit einer maximalen Flexibilität. In physischer Form sind Moderationskarten, die ausgelegt oder an einer Tafel angepinnt werden, sehr geeignet. Die Wirkfaktoren und Wirkungsziele werden auf die Karten geschrieben und lassen sich einfach verschieben. Verbindungen zwischen den Karten werden gezeichnet oder mit Klebeband oder Bindfaden gezogen. Für Gruppenworkshops eignet sich die Konstruktionsarbeit auf dem Fußboden sehr gut, weil alle Beteiligten einen guten Blick auf das Modell erhalten und die Perspektive einfach gewechselt werden kann. Bewährt haben sich auch computergestützte bildgebende Tools wie *Miro*, *Scapple*, *Diagram.net*, *Visio*, *Graphity* oder *Gephi*. Bei der Nutzung von computergestützten Hilfsmitteln sind Tools empfehlenswert, bei denen die Verbindungen zwischen den Wirkfaktoren beim Verschieben dynamisch bestehen bleiben. Ideal sind Programme, bei denen die Verbindungslinie als Pfeil dargestellt wird und auch beschriftet werden kann.

4.4 Fallbeispiele

Im Folgenden werden für die ersten beiden Fallbeispiele exemplarische Wirkmodelle vorgestellt (▶ Kap. 2.4). In einem einführenden Abschnitt werden vermutete Wirkfaktoren und Wirkungsziele beschrieben und Wirkungszusammenhänge eingeführt. In unserer Forschungspraxis hat es sich bewährt, als Einstieg die Beschreibung der Zusammenhänge in ähnlicher Weise schriftlich zu dokumentieren. Die Beschreibung und das

Wirkmodell schaffen als Einheit eine konsistente und gut verständliche Dokumentation, die leicht vermittelt werden kann.

Fallbeispiel 1: Verbesserung der Wirksamkeit der Selbstbestimmung

Für unser erstes Fallbeispiel der Wohngruppe, in der selbstbestimmt eingesetztes Haushaltsgeld mit einem frei verfügbaren Geldbetrag etabliert werden soll, konzentriert sich das Modell auf das Wirkungsziel, wonach die Angebotsnutzenden einen freien Geldbetrag möglichst selbstbestimmt für Lebensmittel ausgeben sollen. Die folgenden zentralen Zusammenhänge können unterstellt werden: Es wird angenommen, dass das Wirkungsziel besonders effektiv erreicht wird, wenn die Personen bereits Erfahrungen mit eigenständigem Einkaufen haben. Ohne diese Erfahrungen besteht die Gefahr, dass die Nutzenden entweder kein Vertrauen in ihre Fähigkeit für den eigenständigen Einkauf haben oder gar nicht auf die Idee kommen, dies zu tun. Insbesondere Personen, die im institutionellen Kontext sozialisiert wurden, sind es häufig gewohnt, dass andere solche Fragen für sie entscheiden. Dieser Effekt der erlernten Hilflosigkeit (vgl. Seligman, Petermann & Rockstroh 1999) kann dazu führen, dass die Personen darauf warten, dass Begleitpersonen sie mit Lebensmitteln versorgen. Wenn zudem die Lebensmittelvorräte auf der Wohngruppe reichlich vorhanden sind, besteht eine geringere Notwendigkeit, Lebensmittel einzukaufen. Eine geringe Notwendigkeit wiederum, Lebensmittel einzukaufen, regt die Nutzenden nicht an, einkaufen zu gehen (▶ Abb. 5). Basierend auf diesen Erkenntnissen wird vermutet, dass ein großes Lebensmittelbudget der Wohngruppe in Kombination mit Teammitgliedern, die eher fürsorglich denken, dazu führt, dass die Lebensmittelreserven auf der Gruppe üppig aufgefüllt sind und dadurch kaum Mangelsituationen entstehen, die den Impuls auslösen könnten, einkaufen zu gehen. Generell tragen fürsorgliche Haltungen im Team oder auch in der Vergangenheit im Elternhaus dazu bei, dass die Personen überhaupt in die Situation der erlernten Hilflosigkeit geraten sind. Solche Effekte sind eher schwer zu beeinflussen. Mangelnde Erfahrung mit dem Einkaufen könnte allerdings leicht mit einem spezifischen Einkaufstraining gesteigert werden.

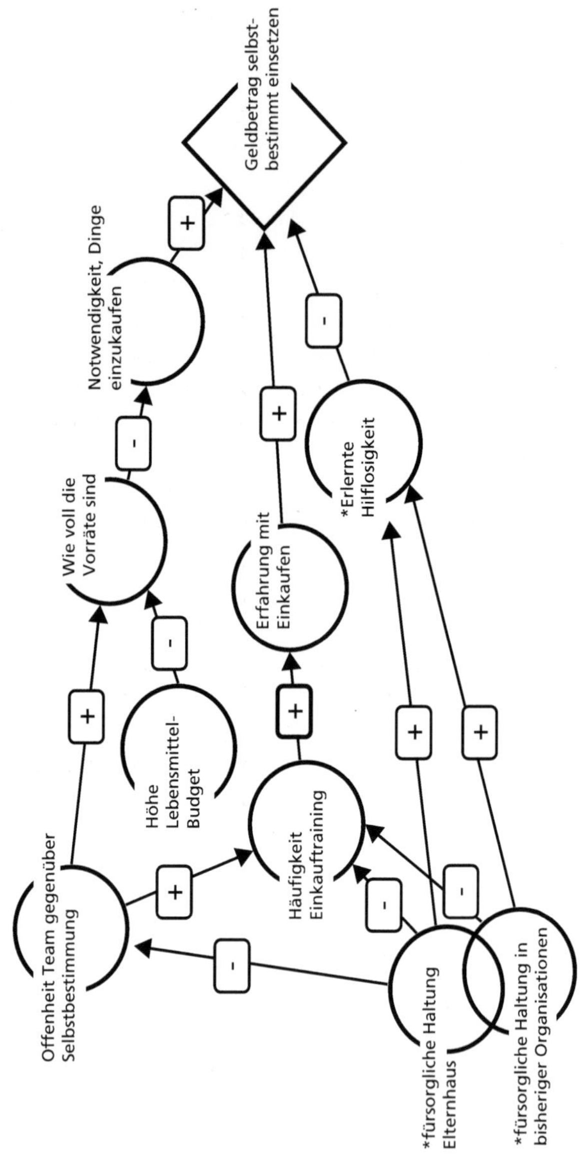

Abb. 5: Fallbeispiel 1 – Wirkmodell Selbstbestimmung und Haushaltsgeld

Fallbeispiel 2: Entwicklung eines neuen Begleitsystems

In unserem Fallbeispiel, in dem in einer Werkstätte für Menschen mit Behinderungen ein neues Begleitsystem entwickelt werden soll, mit dem einerseits ineffiziente Leerzeiten der Fachpersonen reduziert werden und gleichzeitig Peer-Hilfen zwischen den Angebotsnutzenden angeregt werden sollen, konzentriert sich ein mögliches Wirkmodell auf zwei Wirkungsziele: Den effizienten Einsatz von Personalressourcen und häufige Peer-Hilfen. Es wird angenommen, dass die Effizienz von Personalressourcen verbessert wird, wenn Fachpersonen nur dann anwesend sind, wenn tatsächlich Unterstützungsbedarf anfällt. Dies kann konsequent umgesetzt zu Abwesenheiten der Fachpersonen in der Abteilung führen. Genau diese Abwesenheit von Fachpersonen ist eine wichtige Voraussetzung für Peer-Hilfen, wie sie mit dem Empowerment-Ansatz (vgl. Herriger 2020) vorgesehen sind. Abwesenheit von Fachpersonen schafft erst die Möglichkeit, dass sich Personen mit Behinderungen gegenseitig helfen (müssen). Dies ist besonders wichtig für Personen, die durch die Sozialisationserfahrungen in Institutionen in eine erlernte Hilflosigkeit geraten sind (vgl. Seligman, Petermann & Rockstroh 1999). Die beiden Wirkungsziele *Effizienz Personalressourcen* und *Häufigkeit Peer-Hilfe* beeinflussen sich also auch gegenseitig positiv im Sinne eines Wirkungszusammenhangs.

Betrachtet man die Wirkfaktoren, die die Abwesenheit von Fachpersonen begünstigen, so kann das Auslagern der Büros der Fachpersonen aus der Abteilung die Anwesenheit der Fachpersonen beeinflussen. Des Weiteren reduzieren abteilungsübergreifende Einsätze von Fachpersonen zwischen den Abteilungen die kontinuierliche Anwesenheit. Ein kritischer Nebeneffekt einer solchen Umstellung könnte sein, dass Fachpersonen bei der Frage, wie oft ihre Unterstützung benötigt wird, unsicher werden Insbesondere wenn offensichtlich wird, dass ihre Anwesenheit nicht mehr so oft nachgefragt wird, können auch existenzielle Fragen, die Anstellung betreffend, bei den Fachpersonen auftreten. Diese Unsicherheit muss überwunden werden und dies kann gelingen, indem der Arbeitstag durch den abteilungsübergreifenden Einsatz gut ausgelastet wird.

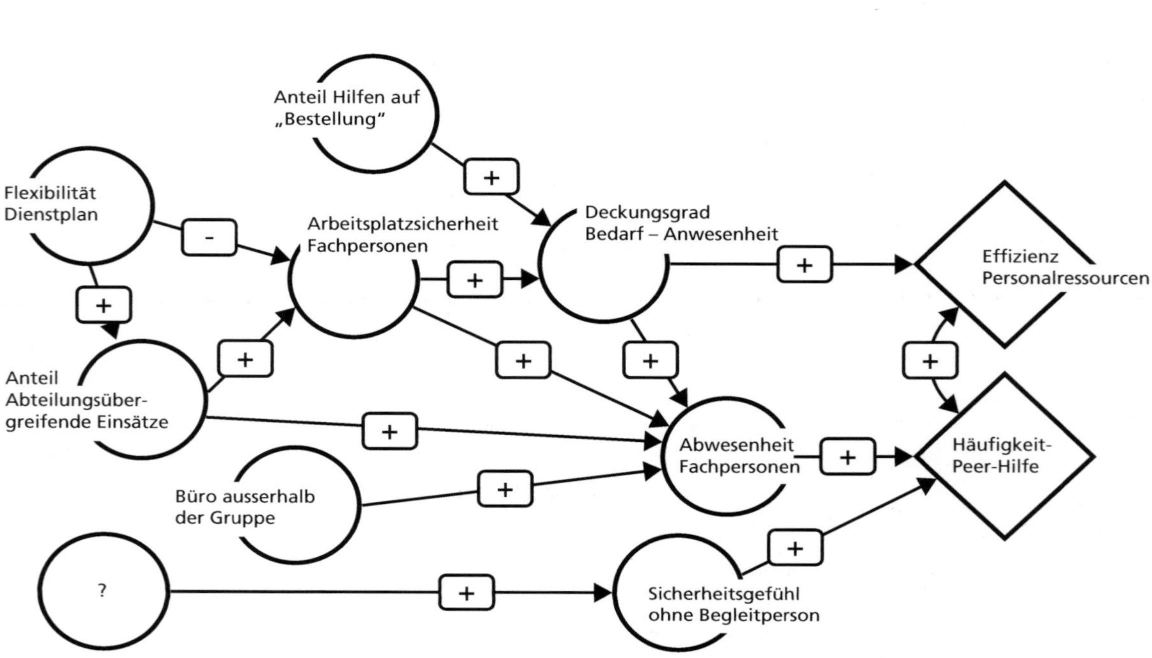

Abb. 6: Fallbeispiel 2 – Wirkmodell effiziente Begleitung und Peer-Hilfe

Wenn in einer Abteilung gerade wenig, in einer anderen Abteilung jedoch viel Unterstützungsbedarf anfällt, kann ein flexibler Dienstplan von Vorteil sein. Allerdings ist zu beachten, dass flexible Dienstpläne möglicherweise auch wieder zu Verunsicherungen bei den Fachpersonen führen können. Ein interessanter Wirkfaktor ist auch das aktive Anfordern von Unterstützungsleistungen durch Angebotsnutzende – und zwar dann, wenn unmittelbarer Unterstützungsbedarf auftritt. Wenn Fachpersonen nicht automatisch in den Abteilungen anwesend sind, sondern nur gerufen werden, wenn ihre Unterstützung von den Nutzenden benötigt wird, kann dies den Vorteil haben, dass Unterstützungsbedarf und Verfügbarkeit von Unterstützung besser aufeinander abgestimmt werden können. Dies wiederum kann die gewollte Abwesenheit von Fachpersonen erhöhen.

Eine offene Frage bezieht sich auf das Sicherheitsgefühl der Angebotsnutzenden, das bei häufiger Abwesenheit von Fachpersonen sinken könnte. Unsicherheit ist zu vermeiden, weil davon ausgegangen werden kann, dass Verantwortungsübernahme und Peer-Hilfe nur aus einem Gefühl der Stabilität und Sicherheit heraus entstehen können. Weil noch kein diesbezüglicher Förderfaktor identifiziert werden kann, wurde ein Platzhalter eingesetzt (▶ Abb. 6). Hier macht eine weitere Recherche zum Thema Sinn – oder noch besser ein Austausch mit den Angebotsnutzenden selbst und ein paar kleine Experimente im Alltag.

Auf den Punkt gebracht

Vor dem Bau eines Wirkmodells ist es wichtig, den zu bearbeitenden Gegenstand genau zu klären. Dafür werden umfangreiche Informationen gesammelt, einschließlich wissenschaftlicher Studien, Experimente, Theorien, Beobachtungen, Erfahrungswissen oder Medien. Diese Informationen werden idealerweise von mehreren Personen zusammengeführt und geordnet, z. B. in Workshops. Die beteiligten Personen identifizieren hypothetische Zusammenhänge und konstruieren anschließend daraus das eigentliche Wirkmodell, indem die hypothetischen Zusammenhänge zu einem Netzwerk verbunden werden. Dabei werden die Wirkungsrichtung und die Einflussmöglichkeiten markiert.

Idealerweise werden dafür bildgebende Darstellungsmöglichkeiten wie Moderationskarten oder computergestützte Tools genutzt.

Reflexionsfragen

- Ist mir klar, welches der zu verändernde Gegenstand ist? Stehen allenfalls andere und gewichtigere Anliegen im Hintergrund?
- Haben ich mich mit anderen Personen zum Gegenstand ausgetauscht und deren Meinung eingeholt?
- Haben ich das das bestmögliche Wissen zum Gegenstand in der zur Verfügung stehenden Zeit gesammelt?
- Habe ich die Möglichkeit kleiner Experimente am Ort des Gegenstands oder an ähnlichen Orten in Betracht gezogen?
- Habe ich das gesammelte Wissen als Hypothesen formuliert?
- Verwende ich bei der Konstruktion des Wirkmodells eine Darstellungsform, mit der sich die Wirkungszusammenhänge plausibel illustrieren lassen?
- Kann ich einer Person, die mein Praxisfeld nicht kennt, mit dem Wirkmodell verständlich erklären, um was es bei meinem Gegenstand geht?

Weiterführende Literatur

Dausien, Bettina (2019). »Doing reflexivity«: Interpretations- und Forschungswerkstätten. Überlegungen und Fragen (nicht nur) aus der Perspektive von »Anfänger*innen« in der Biographieforschung. In: Jost, G., Haas, M. (Hrsg.), Handbuch soziologischer Biographieforschung: Grundlagen für die methodische Praxis (257–280). Opladen: UTB.

Kaduk, Stefan, Osmetz, Dirk, Wüthrich, Hans A., Hammer, Dominik (2020). Musterbrecher. Die Kunst, das Spiel zu drehen. 7., überarb. Aufl. Hamburg: Murmann.

Sehmer, Julian, Gumz, Heikem, Marks, Svenja, Prigge, Jessica, Rohde, Julia, Schildknecht, Lukas, Sehmer, Stephanie Simon (2020). Dialogische Wissenstransformation. In: Cloos, P., Lochner, B., Schoneville, H. (Hrsg.), Soziale Arbeit als Projekt. Wiesbaden: Springer VS.

5 Mit Wirkmodellen messen

☞ **Überblick**

In diesem Kapitel wird beleuchtet, wie Wirkmodelle in eine messbare Form gebracht werden und welche Messstrategien zu besonders aussagekräftigen Daten führen. Es wird auch erläutert, wie die Messdaten behandelt werden, damit gut vermittelbare Ergebnisse generiert werden können. Die einfache Vermittlung ist eine Grundvoraussetzung für eine möglichst objektive Auseinandersetzung mit den Ergebnissen der Anspruchsgruppen, beispielsweise in einem Workshop. Dabei werden insbesondere pragmatische und umsetzbare Möglichkeiten für einen praktischen Umgang mit dem Thema aufgezeigt, verbunden mit kurzen Ausflügen in die komplexe Welt der Statistik. Das Ziel ist die Schaffung einer ersten Grundlage für einen effektiven und einfachen Umgang mit Messdaten.

5.1 Operationalisierung

Ein Wirkmodell ist die Rekonstruktion eines ausgewählten Gegenstands und berücksichtigt Wissen, das durch Recherche, experimentelle Veränderungen oder Beobachtungen durch Personen gewonnen wurde, die am Rekonstruktionsprozess beteiligt waren. Um die Wirkfaktoren, Wirkungsziele und Wirkungszusammenhänge greifbar zu machen, muss das Wirkmodell in eine messbare Form gebracht werden. Dieser Prozess der Messbarmachung wird in der Wissenschaft als Operationalisierung bezeichnet. Die Operationalisierung ist nicht nur für die Wissenschaft ein wichtiges Konzept, sondern auch für die Praxis der Sozialem Arbeit. Sie hilft dabei, Ergebnisse zu generieren, zu bewerten und Erkenntnisse über den untersuchten Gegenstand zu entwickeln. Bei der Operationalisierung geht es darum, theoretische Begriffe im Wirkmodell in messbare Größen umzuwandeln. Daten zum Gegenstand ermöglichen uns, einen objektiven Blick auf die Zusammenhänge und Ausprägungen der untersuchten Phänomene zu werfen und diese nachvollziehbar abzubilden. Der Prozess der Messbarmachung und des Messens ist nicht einfach Mehrarbeit, sondern selbst ein kontinuierlicher Prozess des Lernens, der uns letztendlich auch dabei hilft, unsere Praxis laufend wirkungsvoller zu gestalten. Je nach Komplexität der zu messenden Wirkfaktoren und Wirkungsziele verwenden wir unterschiedliche Herangehensweisen.

Diese Publikation bietet keinen umfassenden Überblick über die quantitative Datenerhebung. Für Details empfehlen wir Fachliteratur. Unser Ziel ist es, einen ersten Einblick und praktische Tipps für den Einstieg ins Messen zu geben. Wir ermutigen zur pragmatischen Herangehensweise, kleine Schritte zu machen und Erfahrungen zu sammeln.

5.2 Vom Wirkfaktor zur Variable

Als Variablen werden Eigenschaften eines Gegenstands bezeichnet, die wir messen möchten und die hinter dem Wirkfaktor oder dem Wirkungsziel stehen. Entweder kann ein Wirkfaktor direkt mit einer Variable gefasst werden. Die Wissenschaft spricht hier von *manifesten Variablen*, ein typisches Beispiel hierfür ist das Lebensalter. Oder der Faktor muss indirekt erfasst werden, indem die Eigenschaften mehrerer Variablen in einem Wirkfaktor oder Wirkungsziel zusammenlaufen. In diesem Fall spricht die Wissenschaft von *latenten Variablen*, ein typisches Beispiel hierfür sind Einstellungen und Haltungen von Personen zu einem Thema.

Die Eigenschaft einer Variable kann je nach Gegenstand unterschiedliche Ausprägungen aufweisen, die uns Hinweise für die spätere Messstrategie geben. Ob der Wirkfaktor oder das Wirkungsziel mit einer oder mehreren Variablen gefasst werden kann, gilt es in einem ersten Schritt aufzuspüren.

Fallbeispiel 1: Verbesserung von Selbstbestimmung auf der Wohngruppe

Bezogen auf unser Fallbeispiel könnte beispielsweise die Einstellung des Begleitteams zu den Idealen des Selbstbestimmungskonzepts eine Variable sein (vgl. Walther 1998). Bei Einstellungen handelt es sich um eine abstrakte Idee, die nicht direkt beobachtbar ist. Um die Einstellung der Person zu operationalisieren, könnten wir den Begleitpersonen auf der Wohngruppe mehrere Fragen stellen, z. B. zu ihrer Bereitschaft, Entscheidungen gemeinsam mit den Angebotsnutzenden zu treffen, oder zu ihrem Zutrauen, dass die Angebotsnutzenden bestimmte Entscheidungen selbst treffen können, oder zu ihrer persönlichen Haltung zu Maßnahmen, die die Selbstbestimmung beschneiden. Alle Ergebnisse zusammengefasst und ausgerichtet können zu einem Mittelwert führen, der stellvertretend für die Einstellung zum Thema Selbstbestimmung steht. Werden Ergebnisse von mehreren Fachpersonen zusammengenommen, stehen diese wiederum für die Einstellung des Teams.

Eine andere Anwendung für das Fallbeispiel könnte das Entwicklungsalter der Angebotsnutzenden sein. Hierbei können wir das Entwicklungsalter in verschiedene Kategorien einteilen, wie z. B. Kindheit, Jugend, Erwachsenenalter usw. Viele Messprofis orientieren sich hier an etablierten Entwicklungstheorien und übernehmen die Einordnung in Stufen wie beispielsweise die Entwicklungsstufen des Selbst nach Kegan (1983) oder zur emotionalen Entwicklung bei Personen mit kognitiver Beeinträchtigung (Sappok & Zepperitz 2019). Aus den Daten kann die Verteilung der Angaben pro Entwicklungsstufe abgeleitet werden oder unter bestimmten Bedingungen kann auch ein Mittelwert aus den Stufen berechnet werden.

Ein Beispiel im vorliegenden Fall, welches das Vorgehen gut illustriert, ist die Höhe des Lebensmittelbudgets der Wohngruppe. Hier können wir das Budget in konkreten Zahlen ausdrücken, wie z. B. EUR 200 pro

Woche. Dies ist ein direkt messbarer Wert und damit eine manifeste Variable.

5.3   Von der Variable zum Indikator

Um eine Variable mess- oder fassbar zu machen, verwenden wir Indikatoren. Indikatoren sind spezifische Fragen oder Aussagen, die auf das Vorhandensein oder das Ausmaß der Variable hinweisen. Sie dienen als Anzeichen oder Hinweis auf eine bestimmte Eigenschaft oder einen Zustand und stellen die Verbindung zwischen den Wirkfaktoren und der späteren Messung her. Eine effektive Form, Indikatoren zu fassen, ist ihre Formulierung als Frage.

Fallbeispiel 2: Entwicklung eines neuen Begleitsystems

Im Fallbeispiel der Werkstätte für Menschen mit Behinderungen, in der ein neues Begleitsystem eingeführt werden soll, um den effizienten Einsatz der Teamressourcen zu ermöglichen und Peer-Hilfen zu fördern, könnten folgende Indikatoren zur Bewertung der Variable *Effizienz Personalressourcen* verwendet werden.

- *Wartezeit:* Wie viel Wartezeit pro Tag fällt im Arbeitsalltag der Fachpersonen an, weil keine konkreten Unterstützungsleistungen oder andere administrative Arbeiten anfallen?
- *Nachgefragte Hilfe:* Wie oft pro Tag fragen Angebotsnutzende um konkrete Hilfe bei den Fachpersonen nach?

Diese Indikatoren helfen, den Erfolg eines neuen Begleitsystems zu bewerten und die Effizienz der Teamressourcen in Zahlen zu fassen.

5.4   Vom Indikator zum Code

Wir unterscheiden Zwei verschiedene Arten von Indikatoren. Die erste Gruppe sind Indikatoren, die mit Zahlen erfasst werden können. Die Ausprägung in Zahlen nennen wir *Merkmale*. Für das Beispiel Lebensalter kann dies die Angabe des Lebensalters in Jahren sein. Für das Beispiel Einstellungen wird oft mit mehreren Aussagen gearbeitet, die von den befragten Personen mit Zustimmung oder Ablehnung auf einer Skala bewertet werden.

Die zweite Gruppe sind Indikatoren, deren Ausprägung beschrieben werden muss, weil sie mit einer Messung nicht in Zahlen übertragbar sind. Diese Ausprägung nennen wir *Phänomene*. Ein Beispiel dafür ist die Kultur der Zusammenarbeit in einer Werkstätte für Menschen mit Behinderungen.

Für den Übertrag eines Indikators in ein Merkmal oder ein Phänomen, werden Codes verwendet. Ein Code ist die Umwandlung eines Indikators in mess- oder beschreibbare Werte. Es gibt sowohl quantitative als auch qualitative Zugänge für diese Umwandlung in Codes. Je nach Wirkfaktor ist der eine oder andere Ansatz besser geeignet. Es ist auch möglich, dass in einem Wirkmodell beide Ansätze kombiniert werden. Beide Ansätze haben ihre Vor- und Nachteile.

Quantitativer Zugang – Skalenniveaus und nummerische Codes

Numerische Codes erleichtern die statistische Analyse von Daten, weil die Übersetzung von Ausprägungen in Zahlen plausiblere und greifbarere Ergebnisse ermöglichen. Der Umgang mit Zahlen ist einfacher als qualitative Auswertungen. Um den Wertebereich eines Indikators festzulegen, werden Skalierungen verwendet. Skalen geben an, wie stark die Ausprägung einer bestimmten Eigenschaft ist. Die Skala ermöglicht es uns, die Intensität oder das Ausmaß der Variable zu erfassen.

Die drei für uns wichtigsten Skalenniveaus sind das *nominale, ordinale* und *metrische Skalenniveau* (vgl. Döring 2023, 234 ff; ▶ Abb. 7). Sie helfen uns dabei, Daten zu klassifizieren und zu verstehen. Es ist auch für einfache Messunterfangen in der Praxis sinnvoll, den Unterschied der Skalen zu kennen, denn jedes Skalenniveau hat spezifische Eigenschaften, die unterschiedliche Informationen über die gemessenen Daten erzeugen.

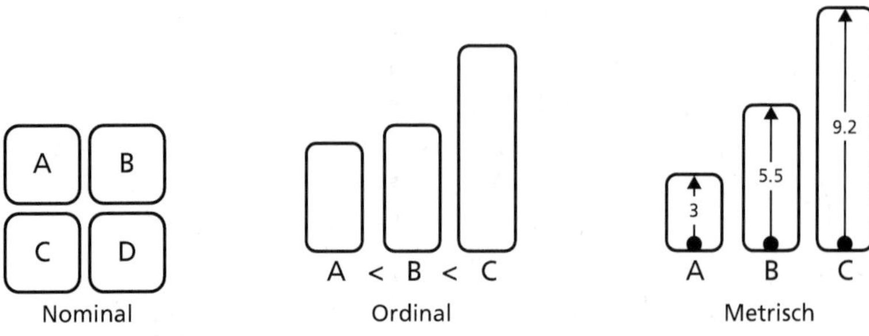

Abb. 7: Skalenniveaus

Das *nominale Skalenniveau* ist das einfachste und grundlegendste Skalenniveau. Es wird verwendet, um Daten in Kategorien einzuteilen. Bei nominalen Daten können wir lediglich feststellen, ob Datenpunkte gleich oder unterschiedlich sind. Beispiele für nominale Skalendaten sind das Geschlecht (männlich/weiblich) oder Wohngruppen (1, 2 oder 3).

Das *ordinale Skalenniveau* baut auf dem nominalen Skalenniveau auf und ermöglicht es uns, Daten einer Kategorie zuzuweisen und die Kategorien in eine bestimmte Reihenfolge zu bringen. Das bedeutet, dass wir Datenpunkte vergleichen und sagen können, welcher Punkt größer oder kleiner ist. Typisch ist eine Bewertungsskala von 1 bis 5, bei der wir feststellen können, dass eine Bewertung von 5 höher ist als eine Bewertung von 3. Zum Beispiel könnte im Fallbeispiel 1 die Selbstbestimmungskompetenz von Angebotsnutzenden der Wohngruppe mit einer Skala von 1 (tief) bis 5 (hoch) verwendet werden. Mit dieser Art Daten kann die Entwicklung von Werten über die Zeit nachgezeichnet werden, wenn Daten von mehreren Messzeitpunkten erfasst werden. Für das Untersuchen von Wirkungen ist dieses Skalenniveau also interessant.

Empfehlenswerte Skalenbreite

In der Praxis stellt sich häufig die Frage, ob z. B. eine 10er-, 5er- oder 3er-Skala empfehlenswert ist. Die Frage lässt sich nicht eindeutig beantworten, aber Folgendes kann festgehalten werden: Skalen mit einer geraden Anzahl an Auswahlmöglichkeiten ›zwingen‹ die befragten Personen stärker dazu, Stellung in die eine oder andere Richtung zu beziehen als Skalen mit einer ungeraden Anzahl, bei denen die Option genau in der Mitte gewählt werden kann. Gerade Skalen führen also zu pointierteren Angaben. Ungerade Skalen hingegen werden häufiger vollständig ausgefüllt, weil hier unentschlossene Personen eher zu einer Antwort bereit sind. Hinsichtlich der Auswertungsmöglichkeiten der Daten wird empfohlen, die Anzahl von 5 Auswahlmöglichkeiten nicht zu unterschreiten. Mit einer 5er-Skala können später auch Mittelwerte berechnet werden.

Das *metrische Skalenniveau* ist das höchste Skalenniveau. Es ermöglicht uns, nicht nur die Reihenfolge der Datenpunkte zu bestimmen, sondern auch den Abstand zwischen den Punkten zu messen. Ein Beispiel für metrische Daten ist das Haushaltsbudget der Wohngruppe pro Woche in Fallbeispiel 1, das präzise in Euro und Cents angegeben werden kann. Hier können wir sagen, dass ein Budget von EUR 250 höher ist als EUR 210,50 und der Abstand zwischen beiden EUR 39,50 beträgt. Mit Daten aus metrischen Skalenniveaus lassen sich ohne Weiteres Mittelwerte über mehrere Messungen hinweg berechnen, beispielsweise um die Werte von Personengruppen zu vergleichen oder um die Entwicklung von Werten über die Zeit nachzuzeichnen. Für Wirkungsbemessungen ist dieses Skalenniveau deshalb besonders geeignet, weil Messreihen über die Zeit verglichen werden können.

Metrische Skalenniveaus werden in der Wissenschaft noch einmal unterschieden in *Intervallskalen* und *Verhältnisskalen*. Die *Verhältnisskala* ist das höchste Skalenniveau und bietet die umfassendsten Informationen über Daten. Sie erlaubt nicht nur Aussagen zur Reihenfolge und zum Abstand, sondern auch zu Proportionen und Verhältnissen zwischen den Datenpunkten, weil sie einen natürlichen Nullpunkt haben, von dem aus gerechnet werden kann. Beispiele für Verhältnisskala-Daten sind die Körpergröße oder der Lohn einer Person. Bei Verhältnisskala-Daten können wir nicht nur sagen, dass eine Person größer oder kleiner ist, sondern auch das Verhältnis ihrer Größe im Vergleich zu anderen Personen berechnen.

Die *Intervallskala* hingegen besitzt keinen natürlichen Nullpunkt. Ein Beispiel für eine *Intervallskala* ist der Intelligenzquotient (IQ), bei der der Basiswert willkürlich auf den Wert 100 festgelegt wurde. Hier können keine Aussagen über Verhältnisse getroffen werden: Eine Person mit einem IQ von 140 ist nicht doppelt so intelligent wie eine Person mit einem IQ von 70.

Es ist wichtig zu beachten, dass die Wahl des Skalenniveaus von der Art der gemessenen Daten abhängt und sich darauf auswirkt, welche Berechnungen damit angestellt werden können. Je höher das Skalenniveau in der Reihenfolge (nominal = tief; ordinal = mittel; metrisch = hoch), desto umfangreichere Analysen können durchgeführt werden. Es ist möglich, Daten von einem höheren Skalenniveau auf ein niedrigeres Skalenniveau umzurechnen, wenn dies für die Analyse notwendig ist. In die andere Richtung geht dies nicht. Im Zweifelsfall wird also ein möglichst hohes Skalenniveau gewählt.

Für die systematische Herleitung und Darstellung von Variablen, Indikatoren und Codes eignet sich die Tabellenform, wie unten im Fallbeispiel vorgeschlagen. Diese Tabellen werden Operationalisierungstabellen genannt.

Die unten dargestellte Tabelle spiegelt die häufige Verwendung von ordinalskalierten Antwortmöglichkeiten mit einer Skala von 1 bis 5 in unseren Praxisprojekten wider. Für die häufige Verwendung von ordinalskalierten Antwortmöglichkeiten sprechen folgende Gründe: Wenn die Mehrheit der Daten dasselbe Skalenniveau aufweist und die Ausrichtung der Antworten einheitlich in Richtung des Entwicklungsziels erfolgt, ist die Auswertung der Daten später deutlich einfacher. Zum Beispiel wird bei den Begleitpersonen, die eine entwicklungsfreundliche Haltung zur Selbstbestimmung im Sinne der Intervention haben sollen, der höchste Wert 5 für eine besonders entwicklungsfreundliche Haltung vergeben. Obwohl es möglich ist, die Messwerte nachträglich umzudrehen oder die Skalen auf dasselbe Niveau zu dehnen oder zu stauchen, ist dies mit zusätzlichem Aufwand verbunden und fehleranfällig. Trotzdem ist es ratsam, bei Befragungen mit vielen Fragen die Antwortoptionen gelegentlich umzudrehen, um zu verhindern, dass die Ausfüllenden in ein bestimmtes Antwortmuster verfallen und die Fragen nicht mehr genau lesen.

Fallbeispiel 1: Verbesserung von Selbstbestimmung auf der Wohngruppe

In unserem Fallbeispiel 1, in dem in der Wohngruppe die Selbstbestimmung durch einen frei verfügbaren Geldbetrag anregen werden soll, können beispielhaft die beiden Wirkfaktoren *Höhe Lebensmittel-Budget* und *Offenheit Team gegenüber Selbstbestimmung* aus dem Wirkmodell in Variablen, Indikatoren und Codes übersetzt werden (► Tab. 1).

Tab. 1: Fallbeispiel 1 – Operationalisierungstabelle

Wirkfaktor	Variable	Indikator	Code
Höhe Lebensmittel-Budget (direkte Messung)	Höhe Lebensmittel-Budget	Wie viel Euro verbraucht deine Wohngruppe pro Woche für Lebensmittel?	EUR ___/Woche
Offenheit Team gegenüber Selbstbestimmung (indirekte Messung)	Zutrauen	Wie gut können die Angebotsnutzenden im Vergleich mit Personen ohne Behinderungen selbst über ihr Leben bestimmen?	1: viel/weniger gut 2: etwas/wenig gut 3: gleich gut 4: etwas besser 5: viel besser
	Subjektiver Begleitaufwand	Rechnest du als Fachperson mit mehr oder weniger Aufwand, wenn die Angebotsnutzenden mehr selbst über die Einkäufe bestimmen?	1: viel mehr Aufwand 2: – 3: gleich viel Aufwand 4: – 5: viel weniger Aufwand
	Sinn	Ich finde, alle Angebotsnutzenden sollen frei bestimmen können, was eingekauft wird. Wie stehst du zu dieser Aussage?	1: trifft nicht zu 2: – 3: – 4: – 5: trifft zu

Fallbeispiel 2: Entwicklung eines neuen Begleitsystems

Tab. 2: Fallbeispiel 2 – Ordinalskalierte Fragetypen

Art der Frage	Indikator	Code
Bewertung, wie zutreffend eine Aussage für die ausfüllende Person ist.	Ich fühle mich unsicher, wenn keine Fachperson auf der Abteilung ist.	□ Trifft zu □ □ □ □ Trifft nicht zu
Bewertung, wo sich die ausfüllende Person zwischen zwei gegensätzlichen Aussagen sieht.	Wie fühlst Du Dich, wenn alle Fachperson die Abteilung verlassen haben?	□ Ich fühle mich unsicher □ □ □ □ Ich fühle mich sehr sicher
Eine Frage, die mit konkreten Antwortmöglichkeiten, die in einer logischen Hierarchie stehen, von der ausfüllenden Person eingeschätzt wird.	Wie geht es Dir, wenn alle Fachperson die Abteilung verlassen haben?	□ Ich werde unsicher □ Ich werde etwas unsicher □ Ich spüre keinen Unterschied □ Ich werde etwas sicherer □ Ich werde viel sicherer
Mehrere bipolare Begriffspaare, zwischen denen die ausfüllende Person einen Punkt setzt. Alle Antworten zu einem Mittelwert gerechnet stehen beispielsweise für die Einstellung zu einem Thema.	Was hältst du von der Idee, dass ihr als Angebotsnutzende die Werkstatt am Morgen aufschießt und bereit für den Betrieb macht?	Schwierig □ □ □ □ □ Einfach Gefährlich □ □ □ □ □ Ungefährlich Hinderlich □ □ □ □ □ Förderlich Illusorisch □ □ □ □ □ Realistisch

Bei unserem zweiten Fallbeispiel, in dem Leerzeiten der Fachpersonen reduziert und Peer-Hilfen angeregt werden sollen, können mit dem Wirkfaktor *Sicherheit ohne Begleitperson* die verschiedenen Möglichkeiten, die ordinalskalierte Fragen bieten, gut veranschaulicht werden (▶ Tab. 2).

Der Vorteil von quantitativen Erfassungsmethoden liegt in den einfachen Auswertungs- und Darstellungsmöglichkeiten der Daten, was die Vermittlung und Diskussion der Ergebnisse leicht macht. Durch den Einsatz statistischer Analysemethoden kann die Aussagekraft und Belastbarkeit der Daten erhöht werden, beispielsweise durch die Messung von Unterschieden zwischen Gruppen oder Zusammenhängen zwischen Wirkfaktoren. Ein Nachteil quantitativer Zugänge im Vergleich zu qualitativen Methoden ist der eingegrenzte Blick auf das Untersuchungsobjekt. Es kann nur abgebildet werden, was auch gemessen wird.

Qualitativer Zugang – Beobachtung und Dokumentation

Wie oben eingeführt, lassen sich nicht alle Wirkfaktoren oder Wirkabsichten leicht in Zahlen fassen. Im Gegensatz zu quantitativen Methoden ermöglichen qualitative Forschungsansätze einen alternativen Zugang zur Einschätzung. Qualitative Daten werden durch systematisches Sammeln von Datenbeständen, durch direktes Beobachten von Personen, Gruppen oder Situationen erhoben. Dies kann beispielsweise durch teilnehmende Beobachtung geschehen, bei der die datenerfassende Person aktiv am Geschehen teilnimmt, oder durch nicht-teilnehmende Beobachtung, bei der die beobachtende Person das Geschehen unbeteiligt von außen beobachtet und dokumentiert. Während der Beobachtung werden Informationen, Verhaltensweisen, Interaktionen und andere relevante Merkmale dokumentiert, wobei eine genaue Definition der Beobachtungskriterien empfohlen wird, damit die Objektivität gewährleistet werden kann. Durch die detaillierte und anschauliche Erfassung der beobachteten Phänomene können ein umfassendes Verständnis des Untersuchungsgegenstands und tiefgreifende Einblicke in die Wirkmechanismen und Effekte von Interventionen gewonnen werden. Qualitative Zugänge ermöglichen es, den Kontext, die Bedeutungszusammenhänge und die subjektiven Perspektiven der beteiligten Akteur*innen zu verstehen.

Es ist wichtig zu betonen, dass qualitative und quantitative Ansätze in der sozialwissenschaftlichen Forschung sowie in der Praxis oft ergänzend eingesetzt werden. Qualitative Forschung liefert eine reichhaltige Grundlage, um die Beschaffenheit und Funktionsweise eines Gegenstands zu verstehen, während quantitative Methoden häufig besser geeignet sind, um Annahmen zu testen und statistisch abzusichern. Bei der Arbeit mit Wirkmodellen sind gerade qualitative Methoden zu Beginn der Rekonstruktion interessant, wenn der Gegenstand noch nicht gut überblickt wird.

Der Vorteil von qualitativen Erfassungsmethoden liegt in ihrem offenen Blick für unerwartete Situationen, die neben den definierten Indikatoren und Codes zusätzlich festgehalten werden und in einer reflexiven Schleife zurück ins Wirkmodell fließen können. Ein Nachteil dieses Zugangs besteht in der Herausforderung, Objektivität sicherzustellen, da die Beobachtung stark von der individuellen Bewertung der beobachtenden Person abhängig sein kann. Zudem können qualitative Daten weniger plausibel und stichhaltig dargestellt werden als rein quantitative Daten, was ihre Bewertung erschwert.

Fallbeispiel 2: Entwicklung eines neuen Begleitsystems

In unserem Fallbeispiel mit der Werkstätte für Menschen mit Behinderungen, die auf der Suche nach einem neuen Begleitsystem ist, um Leerzeiten der Fachpersonen zu reduzieren und Peer-Hilfen anzuregen, könnte die Übersetzung der beiden Wirkfaktoren *Effizienz Personalressourcen* und *Peer-Hilfe* wie in der Tabelle unten vorgenommen werden. Sie zeigt eine Kombination einer quantitativen (Zeitverlust) und qualitativen Operationalisierung (Peer-Hilfe), wobei der Wirkfaktor *Peer-Hilfe* mit der Ausdifferenzierung in Untervariablen eine indirekte Messung darstellt, in der drei Teilvariablen in einem Wirkfaktor vereint sind (▶ Tab. 3).

Tab. 3: Fallbeispiel 2 – Operationalisierungstabelle

Wirk-faktor	Variable	Indikator	Code
Effizi-enz Per-sonal-ressour-cen (di-rekte Mes-sung)	Anwe-senheit ohne Unter-stüt-zungs-bedarf	Wie viel Zeit der FP hatte heute nichts mit Unterstüt-zungsleistungen und Ad-ministrativem zu tun?	___ Min./Tag (quantitative, metrische Skala)
Peer-Hilfe (indi-rekte Mes-sung)	Häufig-keit Peer-Hilfe	Wie häufig, …	Anzahl beobachtete Si-tuationen pro Tag (quantitative, metrische Skala)
	Art der Situati-on	… bei welchen Aktivitäten	Beschreibung der Situati-on in Stichworten (qualitativ)
	Beteilig-te Peers	… und zwischen welchen AN ist es heute zu gegen-seitiger Hilfe ohne die Be-teiligung von FP gekom-men?	Checkliste zum Markieren der beteiligten Angebots-nutzenden pro Situation (quantitative, nominale Skala)

5.5 Validität, Objektivität und Reliabilität

Wenn komplexe Zusammenhänge der realen Welt gemessen werden sollen, muss die Komplexität auf einige Teilaspekte reduziert werden, um so das zu bearbeitende Thema kontrollieren zu können. Insbesondere in der Sozialen Arbeit, wo Aspekte des menschlichen Zusammenlebens im Zentrum stehen, ist die Komplexität und Vielschichtigkeit oft sehr hoch. Die Transformation komplexer Gegebenheiten in Wirkfaktoren, Wir-kungsziele und Wirkungszusammenhänge ist so ein reduziertes Abbild der realen Welt. Umso wichtiger werden bei Herausstellen von Teilaspekten, die vereinfacht umreißen sollen, was in Wirklichkeit komplex ist, die Begriffe *Validität*, *Objektivität* und *Reliabilität*. Sie dienen dazu, die Qualität und Zuverlässigkeit von Messinstrumenten und Messergebnissen zu bewerten und geben damit auch Hinweise, ob sie die zentralen Teilaspekte treffen. Sie befassen sich mit der Frage, ob das entworfene Messinstrument tatsächlich das misst, was es messen soll (Döring 2023, 82 ff).

Validität bezieht sich auf die Genauigkeit und Gültigkeit einer Messung. Sie beantwortet die Frage, ob ein Instrument tatsächlich das misst, was es zu messen vorgibt. In den Sozialwissenschaften ist es oft eine komplexe Aufgabe, die Validität zu gewährleisten, weil soziale Phänomene schwer gefasst werden können. Durch eine Reflexion der Wirkfaktoren und der damit verbundenen Messkriterien – verbunden mit der Frage, ob diese tatsächlich das abbilden, was mit den Wirkfaktoren gemeint ist – kann die Qualität in der Praxis bereits gut abgesichert werden.

Objektivität bezieht sich darauf, ob die Messung unvoreingenommen erfolgt. Sie stellt sich die Frage, ob verschiedene Beobachtende ähnliche Messergebnisse erhalten würden. Objektivität wird erreicht, wenn ein Messinstrument unabhängig von der Person, die es anwendet, zu vergleichbaren Ergebnissen führt und diese nicht z. B. durch einen subjektiven Blick der messenden Person verwischt wird. Insbesondere bei qualitativen Messungen wie einer Beobachtung ist diese Gefahr gegeben. In der Praxis kann Objektivität mit klaren Anweisungen, standardisierten Verfahren und einer sorgfältigen Schulung der beobachtenden Personen gewährleistet werden.

Reliabilität bezieht sich auf die Zuverlässigkeit einer Messung. Sie beantwortet die Frage, ob eine mehrmalige Messung unter denselben Bedingungen zu wiederholbaren Ergebnissen führt. Reliabilität stellt sicher, dass die Messinstrumente zuverlässig sind, und kann statistisch überprüft werden. Sie kann in der Praxis aber auch durch das Beobachten der Genauigkeit von Messungen im Laufe der Zeit oder zwischen verschiedenen Beobachter*innen eingeschätzt werden.

5.6 Messinstrument entwickeln

Die Grundlage für die Entwicklung eines Messinstruments, das Messwerte für die im Wirkmodell definierten Wirkfaktoren und Wirkungsziele abbilden kann, ist eine gut durchdachte und konsistente Operationalisierungstabelle, wie sie im vorherigen Kapitel vorgestellt wurde. Mithilfe dieser werden für jeden entwickelten Code Adressat*innen und eine geeignete Art der Erfassung festgelegt. Darauf aufbauend wird das Messinstrument entwickelt.

Tipp für die Umsetzung in der Praxis

In unserer Forschungspraxis hat es sich bewährt, die Operationalisierungstabelle als Grundlage für die Entwicklung von Messinstrumenten zu verwenden und die Tabelle um die Adressat*innen der Befragung sowie das eingesetzte Messinstrument zu erweitern. Bei komplexen Messvorhaben mit vielen Variablen ist es empfehlenswert, eine Durchnummerierung der Wirkfaktoren und Variablen vorzunehmen. Durch die Dokumentation mit Nummern können die Ergebnisse später leicht im Wirkmodell zurückverfolgt werden. Wenn es mehrere Adressat*innen und Messinstrumente gibt, haben wir gute Erfahrungen mit Operationalisierungstabellen in Tabellenkalkulations-Programmen gemacht. Deren Filterfunktionen ermöglichen eine einfache Organisation und Filterung der Daten nach Messinstrument, Adressat*in oder Messzeitpunkt.

Wenn Personen mit Behinderungen Teil des Gegenstands sind, sollte auf keinen Fall vergessen werden, auch diese als Adressat*innen von geeigneten Erfassungen einzubeziehen. Hier gilt es, die Grenzen des Möglichen auszuloten und bei Bedarf einen Plan B zur Hand zu haben, falls die direkte Beteiligung der Personen nicht bei allen gelingt. Ein Fragebogen in Leichter Sprache beispielsweise können viele, aber nicht alle Personen ausfüllen. Also kann dieser alternativ auch durch eine Drittperson vorgelesen oder mit Piktogrammen ergänzt werden. Der minimale Fall ist das stellvertretende Ausfüllen durch eine Drittperson, beispielsweise wenn es einer Person gar nicht möglich ist, sich zu den Fragen zu äußern.

Fallbeispiel 2: Entwicklung eines neuen Begleitsystems

In unserem Fallbeispiel der Werkstätte für Menschen mit Behinderungen, die auf der Suche nach einem neuen Begleitsystem zur Reduzierung von Leerzeiten der Fachpersonen und zur Anregung von Peer-Hilfen ist, kann die Operationalisierungstabelle wie nachfolgend ergänzt werden (▶ Tab. 4). Es zeigt sich, dass die aufgeführten Wirkfaktoren in einem ersten Teil von den einzelnen Fachpersonen und im zweiten Teil von der Fachperson (FP) zusammen mit Angebotsnutzenden (AN) erfasst werden können, einerseits als standardisierter Fragebogen, anderseits als qualitatives Protokoll. Der Zusammenzug aller Protokolle am Ende des Untersuchungszeitraums lässt zudem eine nachträgliche quantitative Auswertung von Ereignissen über die Zeit und eine Analyse der beteiligten Personen zu.

Tab. 4: Fallbeispiel 2 – Erweiterte Operationalisierungstabelle

Wirkfaktor	Variable	Indikator	Code	Adressat	Messinstrument
1 Effizienz Personalressourcen (direkte Messung)	1.1 Anwesenheit ohne Unterstützungsbedarf	Wie viel Zeit der FP hatte heute nichts mit Unterstützungsleistungen und Administrativem zu tun?	___ Min./Tag (quantitative, metrische Skala)	FP	Standardisierter Fragebogen (Papier) am Ende des Arbeitseinsatzes
2 Peer-Hilfe (indirekte Messung)	2.1 Häufigkeit Peer-Hilfe	Wie häufig, …	Anzahl beobachtete Situationen pro Tag (quantitative, metrische Skala)	FP/AN	Protokoll (Papier) am Ende des Arbeitseinsatzes
	2.2 Art der Situation	… bei welchen Aktivitäten	Beschreibung der Situation in Stichworten (qualitativ)	FP/AN	Protokoll (Papier) am Ende des Arbeitseinsatzes
	2.3 Beteiligte Peers	… und zwischen welchen AN ist es heute zu gegenseitiger Hilfe ohne die Beteiligung von FP gekommen?	Checkliste zum Markieren der beteiligten AN pro Situation (quantitative, nominale Skala)	FP/AN	Protokoll (Papier) am Ende des Arbeitseinsatzes

Quantitative Messinstrumente

Standardisierte Fragebögen eignen sich für eingegrenzte Fragestellungen, insbesondere wenn der Gegenstand bereits klar definiert und verstanden ist und keine neuen Wirkfaktoren mehr erwartet werden (vgl. z. B. Döring 2023, 399 ff). Der Fragebogen wird an die Adressat*innen verteilt, wobei bei kleinen Gruppen die Erfassung aller Personen der Zielgruppe angestrebt wird und bei großen Gruppen eine zufällig ausgewählte Stichprobe gezogen wird. Eine häufige Form sind selbst erstellte Papierfragebögen oder Online-Befragungen, die mit etwas Übung einfach mit browserbasierten Tools erstellt werden können. Viele dieser Instrumente sind kostenlos, kostenpflichtige Tools bieten aber oft zusätzliche Funktionen wie automatische Auswertungs- und Darstellungsmöglichkeiten oder Fragevorlagen. In beiden Fällen ist es empfehlenswert, ein Instrument zu wählen, das die Daten digital als Tabelle exportieren kann, beispielsweise als softwareoffene CSV-Datei. Dadurch wird die Weiterverarbeitung der Daten in Tabellenkalkulations- oder Statistikprogrammen erleichtert. Bei Papierfragebögen werden die Daten nachträglich von Hand in ein Tabellenkalkulationsprogrammen übertragen und so digitalisiert.

Offengelegte Bewertungstafeln sind Instrumente zur Erfassung von Einschätzungen mehrerer Personen, wobei die einzelnen Einschätzungen für alle sichtbar sind. Die Befragung kann z. B. bei einem Gruppenworkshop gemeinsam durchgeführt werden, oder aber die Bewertungstafel wird an einem zugänglichen Ort aufgehängt und die Adressat*innen werden eingeladen, ihre Bewertung in einem Zeitfenster abzugeben. Typische Formen sind nominale Mehrfeldertafeln, ordinale Skalen in Form eines Balkens oder metrische Zielscheibe, auf denen sich Personen positionieren können. Für die Bewertung eignen sich verschiedenfarbige Klebepunkte oder Stifte. Wenn jede Person eine eigene Farbe wählt, können leicht auch Unterschiede zwischen Personen oder Personengruppen ausgewertet werden. Bei sehr vielen Personen lohnt sich die Herstellung von individuellen Symbolen oder Avataren, die auf Klebeetiketten ausgedruckt werden können.

Fallbeispiel 1: Verbesserung von Selbstbestimmung auf der Wohngruppe

Bezogen auf unser Fallbeispiel könnte die Zugehörigkeit der Wohngruppe als soziodemografische Information (siehe auch »*Soziodemografische Daten*« am Ende dieses Kapitels) mit einer nominalen Mehrfeldertafel erhoben werden, auf der die befragten Angebotsnutzenden ihren Klebepunkt oder Avatar in das entsprechende Feld kleben. Der Wirkfaktor *Erfahrung mit Einkaufen* kann mit einem ordinalen Balken mit 5er-Skala abgeholt werden. Die Personen bewerten ihre Erfahrung zwischen zwei Polen oder setzen ihre Bewertung in eines der fünf Felder. Der Wirkfaktor *Offenheit Team gegenüber Selbstbestimmung* kann mit einer Zielscheibe erfasst werden, indem der Wirkfaktor als Ziel formuliert wird, deren Treffgenauigkeit auf der Scheibe mit einem Klebepunkt oder Avatar eingeschätzt wird (▶ Abb. 8). Die Distanz der Bewertung zum Zentrum wird bei der anschließenden Auswertung pro Bewertung ausgemessen.

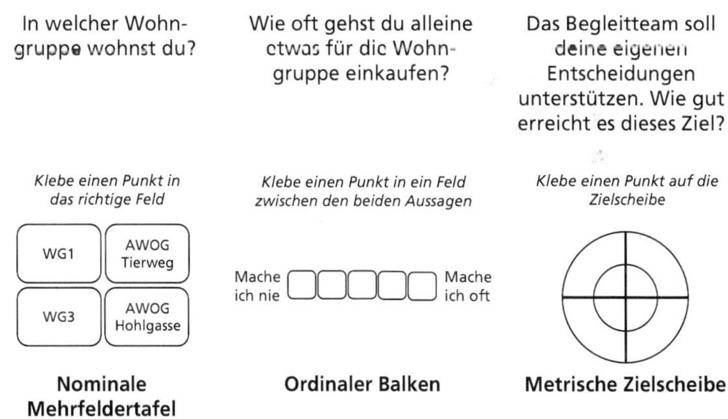

Abb. 8: Offengelegte Bewertungstafeln

Qualitative Messinstrumente

Das *Interview* ist das bekannteste Instrument zur qualitativen Datengewinnung (vgl. Döring 2023: 353 ff). Interviews ermöglichen eine detaillierte Erfassung von Informationen durch persönliche Gespräche. Es können strukturierte, halbstrukturierte oder offene Interviews verwendet werden, um Einblicke in die Gedanken, Erfahrungen und Perspektiven der Befragten zu erhalten. Strukturierte Interviews sind präziser, da sie auf vordefinierten Annahmen im Wirkmodell basieren. Offene Interviews hingegen lassen Raum für eine spätere Erweiterung und Differenzierung des Wirkmodells. Die offenste Form ist das narrative Interview, bei dem mit einer einzigen Einstiegsfrage gearbeitet wird und der interviewten Person maximale inhaltliche Freiheit in der Erzählung gewährt wird. Besonders ressourcenschonend sind Gruppeninterviews. Im Praxiskontext ist in den meisten Fällen ein Stichwortprotokoll als Dokumentation von Interviews ausreichend. Eine Audioaufnahme des Interviews hilft zudem, wenn bestimmte Stellen bei Bedarf nachgehört werden wollen.

Tagebücher und Protokolle eignen sich gut, um subjektiv geprägte Informationen der Zielgruppe zu erhalten (vgl. ebd., 552 f.). Teilnehmende führen Tagebücher oder Protokolle, um regelmäßig Informationen über ihre Erfahrungen, Aktivitäten oder Gefühle festzuhalten. Diese Instrumente liefern detaillierte und kontextbezogene Informationen über einen längeren Zeitraum. Die nachträgliche Auswertung erfordert zwar einen gewissen Aufwand, kann jedoch viele unerwartete Aspekte ans Licht bringen. Wenn Tagebücher ausgewertet werden, können sie gut mit quantitativen Elementen ergänzt werden, beispielsweise indem das Auftreten definierter Situationen gezählt wird. Tagebücher können auch mit browserbasierten Befragungstools, wie sie oben im Zusammenhang mit quantitativen Befragungen erwähnt wurden, durchgeführt werden, indem Freitextfelder zur Verfügung gestellt werden und die Befragung von derselben Person mehrfach ausgefüllt werden kann. So können einfache Journale erfasst werden, die auch am Smartphone oder Tablet ausgefüllt werden können.

Kombinierte Messinstrumente

Beobachtungen sind ein weiteres geeignetes Instrument zur systematischen Erfassung und Protokollierung von Verhaltensweisen oder Ereignissen (vgl. Döring 2023, 323 ff; 393 ff). Beobachtungen eignen sich besonders gut für die Erfassung in natürlichen oder experimentell kontrollierten Umgebungen. Eine Unterform der Beobachtung ist die teilnehmende Beobachtung, bei der die beobachtende Person aktiv am untersuchten Geschehen teilnimmt. Beobachtungen werden entweder mithilfe eines standardisierten Beobachtungsbogens dokumentiert, die Grenzen zwischen quantitativer und qualitativer Erfassung sind dabei allerdings oft fließend. Wenn z. B. Verhaltensweisen deskriptiv dokumentiert werden, ist das Instrument qualitativ, wenn bestimmte Handlungsweisen zusätzlich gezählt werden, beispielsweise wie oft Peer-Hilfen pro Tag stattfinden, ist die Dokumentation zugleich quantitativ ausgerichtet.

Entwicklung eines Messinstruments

Mit der erweiterten Operationalisierungstabelle können nun Überlegungen angestellt werden, wie einzelne Elemente der Tabelle zu konkreten Messinstrumenten zusammengefasst werden. Dieser Vorgang ist ein kreativer Prozess, der von der Frage der technischen Machbarkeit und der zur Verfügung stehenden Ressourcen begrenzt wird.

Fallbeispiel 2: Entwicklung eines neuen Begleitsystems

In unserem Fallbeispiel, in dem ein neues Begleitsystem in der Werkstätte für Menschen mit Behinderungen entwickelt werden soll, könnte ein einfaches Erfassungsinstrument in Papierform für die Fachpersonen entwickelt werden, das es ermöglicht, den Arbeitseinsatz am Ende des Arbeitstags abzubilden. Um auch Situationen zu erfassen, die in Abwesenheit der Fachperson stattgefunden haben, holt die Fachperson die Angebotsnutzenden jeweils für den zweiten Teil des Instruments dazu. Das Instrument könnte wie unten dargestellt aussehen (▶ Tab. 5).

Tab. 5: Fallbeispiel 2 – Messinstrument

Datum:	Visum:
Dauer deines Dienstes in h:	
Wie viel Zeit deines Dienstes hast du für direkte Unterstützungsleistungen (Beratung, Assistenz, Begleitung, Fürsorge, Pflege, etc.) aufgewendet?	__ h __ Min. (schätze!)
Wie viel Zeit deines Dienstes hast du für administrative Arbeiten aufgewendet?	__ h __ Min. (schätze!)
Haben sich während deines Dienstes Angebotsnutzende gegenseitig geholfen (Peer-Hilfe)? Wenn ja, beschreibe die Situation(en) hier. Markiere, wer beteiligt war.	Situation 1: □ Hans □ Mike □ Jenny □ Monika Situation 2: □ Hans □ Mike □ Jenny □ Monika Situation 3: □ Hans □ Mike □ Jenny □ Monika

Soziodemographische Daten

Wenn es bei der Datenerhebung um Personen geht, empfiehlt es sich, zusätzlich soziodemografische Daten zu erfassen. Soziodemografische Daten umfassen Informationen wie Alter, Geschlecht, Bildungsstand, Beruf, Einkommen, Familienstand, Wohnsituation und weitere. Auch wenn diese Daten im Wirkmodell (noch) keine direkte Rolle als Wirkfaktor spielen, sollten sie bei der Auswertung dennoch untersucht werden, beispielsweise um festzustellen, ob bestimmte Merkmale einen Unterschied bei den gemessenen Werten machen. Dieses Vorgehen ist im wissenschaftlichen Kontext üblich und mit geringem Aufwand verbunden. Falls Unterschiede bestätigt werden, kann das soziodemografische Merkmal als Wirkfaktor in das Wirkmodell aufgenommen werden. Es ist bei soziodemografischen Daten von großer Bedeutung, Datenschutzrichtlinien zu beachten, um die Privatsphäre der Teilnehmenden zu schützen.

5.7 Messstrategie

Bevor die eigentliche Messung mit dem Messinstrument beginnt, müssen vorgelagerte Fragen wie Ort und Zeitpunkt der Erfassung oder Zielgruppe geklärt werden, da sie einen Einfluss auf die nachfolgenden Schritte und deren Planung haben. Die Messtrategie beeinflusst nicht nur die Aussagekraft der Ergebnisse, sondern auch die Durchführbarkeit der Messung im Praxiskontext.

Im Idealfall wird die Messtrategie so angelegt, dass vor der Intervention, mit der das Wirkungsziel angesteuert werden soll, eine sog. Basismessung durchgeführt wird. Die Basismessung wird als T0-Messung bezeichnet, weil sie die Stunde Null markiert. Mit einer Basismessung wird die Aussagekraft der nachfolgenden Messungen deutlich erhöht, weil sich die Wirkung einer Intervention im Vorher-Nachher-Vergleich leichter ablesen lässt. Wenn mehrere Messzeitpunkte während der Intervention eingeplant werden, kann sogar der Verlauf der Wirkung nachgezeichnet werden, was als Goldstandard in der Wirkungsforschung gilt. Nachhermessungen werden mit T1, T2, T3 usw. bezeichnet.

Die Aussagekraft der Messung kann zusätzlich erhöht werden, wenn dasselbe Instrument bei einer zweiten Gruppe angewendet wird, die nicht unter dem Einfluss der Intervention steht. Diese Gruppe wird Kontrollgruppe genannt. Die Gruppe, die unter dem Einfluss der Intervention steht, nennen wir Untersuchungsgruppe.

Grundsätzlich können zwei verschiedene Forschungsstrategien unterschieden werden (vgl. Fässler & Studer 2019, 17): Wenn die geplante Intervention durchgeführt und die Wirkung dieser anschließend mit einem Messinstrument untersucht wird, orientiert sich das Vorgehen an der Idee der *summativen Evaluation*. Der Fokus dieses Vorgehens liegt auf der zusammenfassenden Rückschau auf das Geschehen. Alle Daten, die im Evaluationszeitraum erhoben wurden, werden abschließend und in der Rückschau ausgewertet. Im Gegensatz dazu zielt ein Vorgehen, das sich an der *formativen Evaluation* orientiert, darauf ab, während des Interventionsprozesses Daten in den Umsetzungsprozess zurückzuspielen und diese dazu zu nutzen, das Vorgehen laufend anzupassen. Hierbei wird eine Forschungsstrategie mit mehreren Messzeitpunkten während des Interventionsprozesses benötigt. Dadurch kann neues Wissen in das Wirkmodell aufgenommen werden und daraus können wiederum Anpassungen der Intervention abgeleitet werden. Falls sich in diesem Prozess das Wirkmodell maßgeblich verändert, muss allenfalls auch das Messinstrument angepasst werden.

Tipp für die Umsetzung in der Praxis

In fast allen unseren Forschungsprojekten verändern sich Interventionen während dem Evaluationszeitraum aufgrund neuer Erkenntnisse sehr stark. Deshalb kann mit den ursprünglich geplanten Messinstrumenten die Wirkung der Interventionen nicht mehr ideal abgebildet werden, beispielsweise weil für einen neu dazugekommen Wirkfaktor keine T0-Messung vorliegt. Im Zweifelsfall hat eine gute und wirkungsvolle Intervention immer Vorrang vor einer konsistent durchgeführten Wirkungsbemessung. In der Praxis besteht zudem oft ein hoher Handlungsdruck, der dazu führt, dass mit der Intervention begonnen werden muss, noch bevor das eigentliche Thema vollständig definiert oder ein vorläufiges Wirkmodell steht. Oder es wird ein neues Dienstleistungsangebot eröffnet, ohne dass klar ist, welche Ziele genau damit verfolgt werden sollen. Manchmal wird den Beteiligten das eigentliche Thema im Eifer des Gefechts auch erst viel später bewusst. In solchen Fällen stellt sich die Frage nach der Wirkungskontrolle möglicherweise erst während der Durchführung der Intervention, z.B. wenn bei potenziell finanzierenden Stellen um Unterstützung angefragt werden muss. Aber keine Sorge, dann wird die erste Messung halt so bald wie möglich während des Interventionsprozesses durchgeführt. Die Aussagekraft der Messung wird damit zwar nicht größer, aber immer noch besser als gar nichts.

Mit einigen Tricks kann die Aussagekraft trotz einer später einsetzenden Messung zusätzlich erhöht werden: Durch eine Messung bei einer Kontrollgruppe, die nicht von der Intervention betroffen ist, kann eine ähnliche Differenz wie bei einer Basismessung erzeugt werden. Oder durch mehrere Messungen während der Intervention kann der Nachteil einer fehlenden Basismessung abgemildert werden, weil vom Verlauf Rückschlüsse auf die Entwicklung gezogen werden können. Natürlich ist es auch möglich, die Frage nach dem Erfolg einer Intervention durch eine rückblickende qualitative Evaluation zu beantworten. Diese ist zwar weniger aussagekräftig als die zuvor skizzierten Ansätze. Wenn jedoch das Wirkmodell zur Unterstützung bei der Rekonstruktion der Wirkungen herangezogen wird und systematisch mit den am Prozess beteiligten Personen über die Situation vor, während und nach der Intervention gesprochen wird, können auch aussagekräftige Informationen zur Wirkung erwartet werden.

Experimente in der Wirkungsforschung

Der Goldstandard für den Nachweis von Wirkungen ist das experimentelle Design (vgl. Döring 2023, 195 ff). Mit einem experimentellen Design werden bestimmte Variablen manipuliert, um ihre Auswirkungen auf eine andere Variable zu untersuchen. Es gibt eine unabhängige Variable, die kontrolliert verändert wird, und eine abhängige Variable, die beobachtet wird, um zu sehen, wie sie auf die Veränderungen reagiert. Teilnehmende des Experiments werden mit einer Zufallsstichprobe ausgewählt und verschiedenen Bedingungen zugeordnet, um einen neutralen Vergleich zu ermöglichen. Mithilfe statistischer Analysen wird untersucht, ob es einen signifikanten Unterschied zwischen den Bedingungen gibt.

In experimentellen Designs wird mit einer Experimentalgruppe und einer Kontrollgruppe gearbeitet. Die Experimentalgruppe ist eine Gruppe von Testpersonen, die einer Intervention oder einem Stimulus ausgesetzt wird, während die Kontrollgruppe eine Gruppe von Testpersonen ist, die keine Intervention oder keinen Stimulus erhält und somit als Vergleichsgruppe dient. Das Ziel ist es, die Wirkung der Intervention zu messen, indem man die Ergebnisse der Versuchsgruppe mit denen der Kontrollgruppe vergleicht. Dadurch kann man Aussagen darüber treffen, ob die Intervention tatsächlich einen Einfluss auf das zu messende Ergebnis hat oder nicht. Durch den Vergleich der Experimentalgruppe mit der Kontrollgruppe wird die Wirkung der Intervention sehr deutlich sichtbar (▶ Abb. 9).

Die Aussagekraft der Ergebnisse kann weiter mit sog. Verblindungen erhöht werden. In verblindeten Studien wird den Teilnehmenden nicht offenbart, ob sie der Experimental- oder der Kontrollgruppe zugeteilt wurden. Doppelblindstudien gehen so weit, dass selbst die Forschenden nicht wissen, welche Personen wie wurden. Allerdings ist auch anzumer-

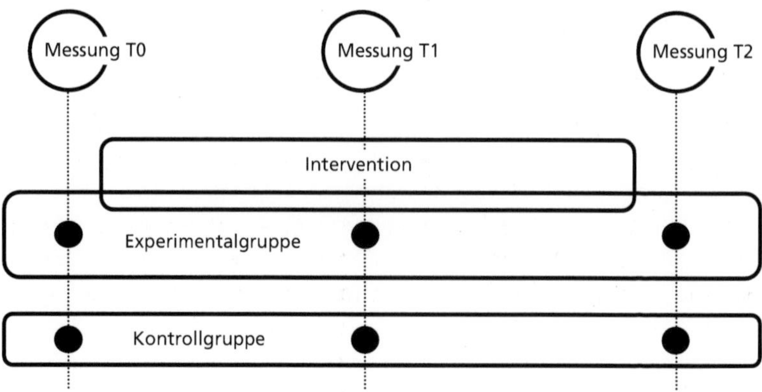

Abb. 9: Forschungsdesign mit drei Messzeitpunkten und einer Kontrollgruppe

ken, dass in den Sozialwissenschaften nur selten mit verblindeten Studien gearbeitet wird, weil dies in den entsprechenden Settings selten Sinn macht.

Diese Ausführungen dienen dazu, einen Einblick in die recht komplexe Welt der Wissenschaft zu geben. Dabei sei erwähnt, dass in den meisten unserer Praxisprojekte keine derart hohen Standards angewendet werden können und dass der Goldstandard uns als Anregung für kreative und pragmatische Messtrategien dient.

5.8 Datenauswertung

Mit dem Messinstrument werden Daten erfasst, aus denen Erkenntnisse gewonnen werden müssen, die aus den Rohdaten nicht ohne Weiteres abzulesen sind. In diesem Kapitel wird der Schwerpunkt auf das Handling von quantitativen Daten gesetzt. Weil sich die Auswertung qualitativer Daten aufgrund ihrer Eigenart und Heterogenität einem vertieften Überblick entzieht, wird auf die Auswertung qualitativer Daten nur einführend und exemplarisch anhand eines geeigneten methodischen Ansatzes eingegangen.

Auswertung qualitativer Daten

Die Auswertung qualitativer Daten zielt darauf ab, Muster und Themen in qualitativen Daten zu identifizieren. Dies geschieht durch die systematische Analyse von Texten, Bildern oder anderen nicht-numerischen Daten. In der Wissenschaft verbreitete Methoden wie die Grounded Theory (vgl. Strübing 2019) sind oft so tiefgreifend und aufwändig, dass sie sich für praxisorientierte Entwicklungsprojekte nicht eignen. Besser geeignet für uns sind deshalb pragmatischere Ansätze wie beispielsweise die qualitative Inhaltsanalyse nach Mayring (2015). Die qualitative Inhaltsanalyse ist eine Methodik zur systematischen Auswertung qualitativer Daten, auch Material genannt, insbesondere von Texten. Sie ermöglicht die Identifikation von Mustern, Themen und Strukturen, die in den Daten enthalten sind.

Die Vorgehensweise bei der qualitativen Inhaltsanalyse umfasst mehrere Schritte. Zunächst werden Forschungsfragen definiert und ein Analyseziel festgelegt. Das Vorgehen kann gut mit einem Wirkmodell verbunden werden, weil pro Wirkungsziel und Wirkfaktor ebenfalls die Frage nach deren Ausprägung im Zentrum der Erfassung steht. Diese kann stellvertretend für die Forschungsfragen eingesetzt werden. Danach erfolgt die Auswahl des zu analysierenden Materials und es werden Regeln und Kategorien für deren Auswertung bestimmt. Die qualitativen Inhaltsanalyse nach Mayring unterscheidet zwischen induktiven und deduktiven Kategorien. Die induktive Kategorienbildung beginnt ohne vorherige theoretische Annahmen oder Hypothesen. Hierbei werden Kategorien direkt aus dem untersuchten Material entwickelt. Man geht offen an das Material heran, identifiziert wiederkehrende Muster, Themen und Konzepte und entwickelt Kategorien, die diese Muster abbilden. Für die Arbeit mit Wirkmodellen ist dieses Vorgehen interessant, wenn vor der Konstruktion des Wirkmodells Wissen zum untersuchten Gegenstand erschlossen werden soll (▶ Kap. 4.1).

Für die hier thematisierte Datenauswertung ist die deduktive Kategorienbildung gut geeignet. Sie basiert auf einer theoretischen Grundlage, in unserem Fall dem Wirkmodell. Hier werden Kategorien aus den Wirkfaktoren und Wirkungsziele abgeleitet. Die Analyse zielt darauf ab, diese vordefinierten Kategorien im untersuchten Material zu bestätigen, zu erweitern oder zu modifizieren. Die Inhalte werden anschließend untersucht und einzelne Segmente des Materials werden den Kategorien zugeordnet. Dabei ist es wichtig, dass die Kategorien sowohl vorab festgelegt als auch während des Analyseprozesses angepasst werden können. Neue Kategorien haben das Potential, neue Wirkfaktoren zu werden. Die Zuordnung der Segmente kann manuell oder mithilfe spezialisierter Software erfolgen. Nach der Codierung werden die Ergebnisse interpretiert und Muster und Zusammenhänge identifiziert. Die Schlussfolgerungen und Erkenntnisse aus der Analyse werden abschließend in einem Berichten festgehalten.

Auswertung quantitativer Daten

Quantitative Daten lassen sich problemlos mithilfe von Tabellenkalkulationssoftware bearbeiten. Diese Programme sind in den meisten Dienstleistungsorganisationen vorhanden. Oftmals finden sich dort auch Personen mit fortgeschrittenen Kenntnissen in der Anwendung dieser Programme, die bei der Bearbeitung unterstützen können. Es sei darauf hingewiesen, dass es auch spezialisierte Kalkulationsprogramme wie *SPSS*, *SAS* oder *Stata* für statistische Berechnungen gibt. Unsere Erfahrung aus Praxisprojekten zeigt jedoch, dass solche Programme hauptsächlich im wissenschaftlichen Bereich und weniger in der Praxis eingesetzt werden. Wenn bei der Datenerfassung mit gängiger Tabellenkalkulationssoftware in der Praxis bestimmte Bedingungen eingehalten werden, können Daten ohne großen Aufwand in die Statistikprogramme importiert und weiterverarbeitet werden. Dies ist für Dienstleistungsorganisationen interessant, die komplexere Auswertungen an Partner*innen aus der Wissenschaft delegieren wollen. Ein einfaches Datenhandling in Tabellenkalkulationssoftware und ein reibungsloser Datentransfer in Statistikprogramme wird erleichtert, wenn die einzelnen Messungen in den Zeilen angelegt und die Codes mit den gemessenen Werten in den Spalten erfasst werden. Diese Anordnung ermöglicht eine übersichtliche und strukturierte Darstellung der Daten und gute Filtermöglichkeiten.

Fallbeispiel 1: Verbesserung von Selbstbestimmung auf der Wohngruppe

Für unser Fallbeispiel mit der Wohngruppe, die den Selbstbestimmungsgrad mit einem frei verfügbaren Geldbetrag fördern will, könnte der Übertrag der Daten, die mit offengelegten Bewertungstafeln (▶ Kap. 5.6) erfasst wurden, wie folgt vorgenommen werden (▶ Tab. 6).

Tab. 6: Fallbeispiel 1 – Übertrag von Daten in eine Tabellenkalkulations-Software

Fall	Messung	Alter	Ge-schlecht	Wohn-gruppe	Wie Begleit-team eigene Entscheidun-gen unter-stützt	Wie oft allein einkau-fen
Person 1	T0	33	männlich	WG1	5	1.3
Person 2	T0	21	weiblich	WG3	3	4.8
Person 3	T0	45	divers	AWOG5	4	2.8

5.9 Ergebnisse darstellen

Tabellenkalkulations-Software bietet vielfältige Funktionen zur Visualisierung der Daten in Form von Diagrammen oder Grafiken, die bei der Vermittlung der Ergebnisse hilfreich sind. Es können auch einfache statistische Berechnungen wie Korrelation, arithmetischer Mittelwert oder Median mit Formeln erzeugt werden, die für die ersten Schritte bei der Auswertung und Darstellung quantitativer Daten ausreichend sind. Im Folgenden werden die gängigsten Darstellungsformen eingeführt, die sich in unseren Praxisprojekten zur Vermittlung von Ergebnissen bewährt haben.

Nominalskalierte Daten

Bei nominalskalierten Daten (▶ Kap. 5.4) handelt es sich häufig um soziodemografische Angaben wie die Altersgruppe oder die Gruppenzugehörigkeit. Für deren Darstellung eignen sich Tabellen gut, die zusätzlich mit einer bedingten Formatierung ergänzt werden. Nominalskalierte Daten können mit einer Kreuztabelle aufgesplittet werden, um z. B. nicht nur die Verteilung des Geschlechts aufzuzeigen, sondern zusätzlich Unterschied zwischen Gruppen (▶ Abb. 10).

	Frauen	Divers	Männer
Wohngruppe 1	3	1	4
Wohngruppe 2	3	0	5

Abb. 10: Nominalskalierte Daten mit Aufsplittung nach Gruppe

Ordinalskalierte Daten

Ordinalskalierte Daten (▶ Kap. 5.4) lassen sich mithilfe von Balkendiagrammen darstellen. Die erfassten Antworten können zusammengezählt und als Verteilung grafisch dargestellt werden. Jeder Balken im Diagramm repräsentiert einen Skalenwert. Die Balken werden in der ordinalen Reihenfolge angeordnet. Dadurch wird die Verteilung der Werte sichtbar. Um zusätzlich Unterschiede zwischen verschiedenen Gruppen aufzuzeigen, können Daten pro Balken aufgeteilt werden. Wenn die Anzahl der Fälle zwischen den verschiedenen Gruppen unterschiedlich ist, empfiehlt es sich, die prozentuale Häufigkeit pro Balkensäule zu berechnen. Dadurch werden die beiden Gruppen vergleichbar.

Fallbeispiel 1: Verbesserung von Selbstbestimmung auf der Wohngruppe

In unserem Fallbeispiel, bei dem in einer Wohngruppe mit einem frei verfügbaren Geldbetrag die Selbstbestimmung gefördert werden soll, wird der Wirkfaktor Erfahrung mit Einkaufen mithilfe einer ordinalen 5er-Skala gemessen. Die Verteilung der Antworten wird mit Balkendiagrammen visualisiert und zur einfacheren Interpretation mit einer Verteilungskurve ergänzt (▶ Abb. 11).

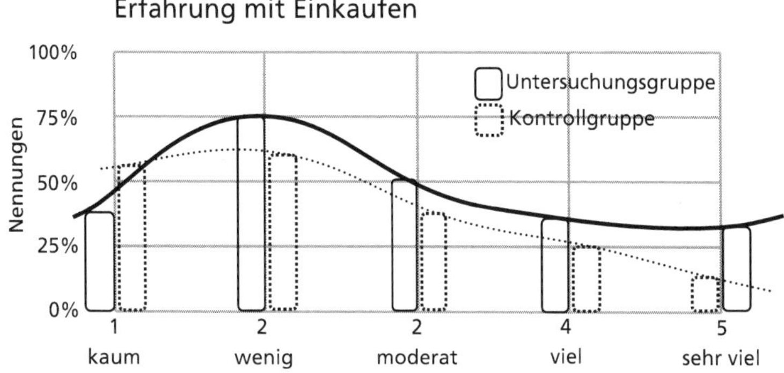

Abb. 11: Fallbeispiel 1 – Ordinalskalierte Daten mit Aufsplittung

Im vorliegenden Fall ist es interessant, die Daten nach Wohngruppen aufzuteilen. Dieses Vorgehen kann beispielsweise angewendet werden, um eine Untersuchungsgruppe, bei der die Lebensmittelvorräte bewusst knappgehalten werden, mit einer Kontrollgruppe zu vergleichen, die keiner derartigen Intervention ausgesetzt ist. Anhand von Abbildung 11 kann abgelesen werden, dass die Mehrheit der Personen der Untersuchungsgruppe über wenig Erfahrung mit Einkaufen verfügt. Personen in der Kontrollgruppe hingegen weisen eine ähnliche Verteilung auf, jedoch liegt das allgemeine Erfahrungslevel hier leicht höher, wobei es mehr Einzelpersonen gibt, die sehr viel Erfahrung mit Einkaufen mitbringen.

Metrisch skalierte Daten

Metrisch skalierte Daten (▶ Kap. 5.4) können nicht wie ordinalskalierte Daten in einer Säulenreihenfolge dargestellt werden, da aufgrund des unendlich großen Differenzierungsgrads jede einzelne Messung eine separate Säule erfordern würde. Diese Komplexität wird reduziert, indem aus mehreren

Werten ein Mittelwert berechnet wird. Auch hier können Unterschiede zwischen Gruppen dargestellt werden, indem der Datensatz aufgeteilt wird und für jede Gruppe ein neuer Mittelwert berechnet wird. Mittelwerte sollten mit Vorsicht interpretiert werden, insbesondere wenn nur wenige Messungen in die Berechnung einfließen. Wenn beispielsweise 4 Messungen mit dem Wert 1 und eine Messung mit dem Wert 5 vorliegen, kann die eine Messung mit dem Wert 5 als Ausreißer den Mittelwert so stark beeinflussen, dass der Mittelwert auf 1,8 steigt. Ein kurzer Blick auf die Daten und das Entfernen von Ausreißern kann helfen, die Daten in einem angemessenen Licht zu präsentieren. Personen mit fortgeschrittenen statistischen Kenntnissen können zusätzlich zum Mittelwert auch den Medianwert einbeziehen. Wenn der Medianwert und der Mittelwert deutlich voneinander abweichen, kann dies auf Ausreißer hindeuten.

Mittelwert

Der Mittelwert oder auch (Durchschnitt) ist eine Maßzahl in der Statistik, die durch die Summe aller Beobachtungswerte einer Stichprobe geteilt durch deren Anzahl berechnet wird. Mathematisch wird der Mittelwert als die Summe der Beobachtungen geteilt durch die Anzahl der Beobachtungen dargestellt.

Median

Der Median ist der mittlere Wert in einer sortierten Datenreihe. Wenn die Daten nach Größe geordnet sind, ist der Median der Wert, der die Hälfte der Beobachtungen unter ihm und die andere Hälfte über ihm hat. Dies ist nützlich, da er von Ausreißern weniger beeinflusst wird als der Mittelwert. Um den Median zu finden, ordnet man die Daten in aufsteigender Reihenfolge an und wählt den mittleren Wert.

Die Erfahrung in unseren Forschungsprojekten zeigt, dass ab einer Stichprobengröße von 15 Fällen der Effekt von Ausreißern vernachlässigbar wird. Bei ordinalskalierten Daten können mit einer Skalierung von > 5 Mittelwerte berechnet werden, wodurch sie faktisch wie metrische Daten behandelt werden. Dies ist eine Methode, die in unseren Praxisprojekten häufig angewendet wird, da ordinalskalierte Antworten gut geeignet sind, um die Einschätzung einer Sachlage durch die befragte Person zu erfassen. Aus diesem Grund wird im Folgenden eine Darstellungsform gezeigt, die auf berechneten Mittelwerten aus ordinalskalierten Daten basiert. Dieselbe Darstellung funktioniert auch mit metrischen Daten.

Fallbeispiel 1: Verbesserung von Selbstbestimmung auf der Wohngruppe

In unserem Fallbeispiel mit der Wohngruppe und dem frei verfügbaren Geldbetrag dokumentieren die Begleitpersonen täglich in einem Protokoll, welche der Angebotsnutzenden Geld für Einkäufe genutzt haben. Diese Erfassung wird im ganzen Wohnhaus mit 40 Personen vorgenommen. Am Ende des Monats wird pro Person eingeschätzt, wie die Personen mit dem frei zugänglichen Geldbetrag umgegangen sind. Dafür steht eine Skala von 1 (nie angerührt) bis 5 (oft angerührt) zur Verfügung. Die Auswertung der Daten zeigt unter der Aufsplittung der Daten nach Altersgruppen (▶ Abb. 12), dass insbesondere junge Angebotsnutzende weniger Hürden beim Einsetzen des frei zugänglichen Geldbetrags haben.

Geldbetrag selbstbestimmt einsetzen

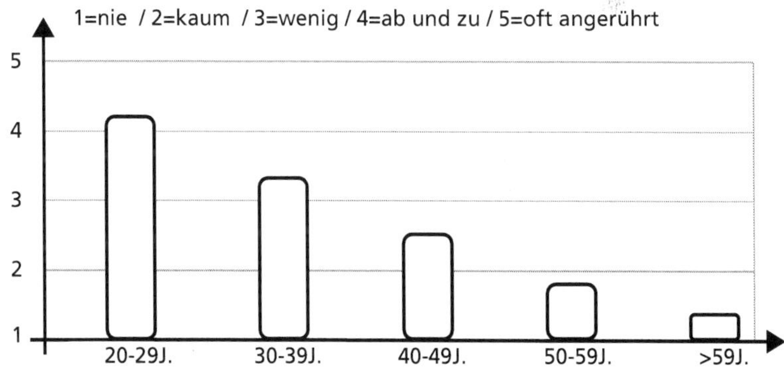

Abb. 12: Fallbeispiel 1 – Darstellung Mittelwerte mit Unterschieden zwischen Altersgruppen

Die Ergebnisse werden durch das Begleitteam in einem Datenworkshop analysiert und es wird nach Gründen für die Unterschiede gesucht. Eine mögliche Erklärung könnten Sozialisierungseffekte sein, die sich je nach Generation unterschiedlich auf das Selbstbewusstsein auswirken. Im Wirkmodell ist dieser Einfluss indirekt bereits durch den Faktor Erlernte Hilflosigkeit berücksichtigt. Daher wird nun mit den vorliegenden Daten untersucht, ob das Alter als eine Erklärung für die erlernte Hilflosigkeit dienen kann. Falls dies zutrifft, wird das Wirkmodell um den Wirkfaktor Alter ergänzt.

Entwicklungen über die Zeit

In unseren Praxisprojekten setzen wir oft ein Forschungsdesigns mit mehreren Messzeitpunkten ein, bei denen möglichst dieselben Fragen eingesetzt werden. Damit kann eine Messreihe erstellt werden, mit der sich die Entwicklung von Wirkfaktoren über die Zeit abbilden lässt. Dafür eignen sich sowohl metrisch skalierte als auch ordinalskalierte Daten, insbesondere wenn sie zu einem Mittelwert zusammengefasst werden. Auch hier können Unterschiede zwischen verschiedenen Gruppen berücksichtigt werden.

Fallbeispiel 1: Verbesserung von Selbstbestimmung auf der Wohngruppe

In unserem Fallbeispiel mit der Wohngruppe und dem frei verfügbaren Geldbetrag ist das Wirkungsziel, dass die Angebotsnutzenden den frei zugänglichen Geldbetrag häufiger und selbstbestimmter einsetzen. Um das Wirkungsziel anzuregen, verknappt das Team als Intervention die Lebensmittelvorräte bewusst. Die Daten aus der Dokumentation der Begleitpersonen zu mehreren Messzeitpunkten vor und während der Intervention zeigen, dass mit dem Einsatz der Intervention der Geldbetrag deutlich häufiger verwendet wurde (▶ Abb. 13). T0 steht für die Messung vor der Intervention, T1, T2 usw. für die nachfolgenden Messungen. Mit einem Vergleich mit der Kontrollgruppe, die der Intervention nicht ausgesetzt war, kann der Nachweis erbracht werden, dass die Intervention Wirkung zeigt.

Geldbetrag selbstbestimmt einsetzen

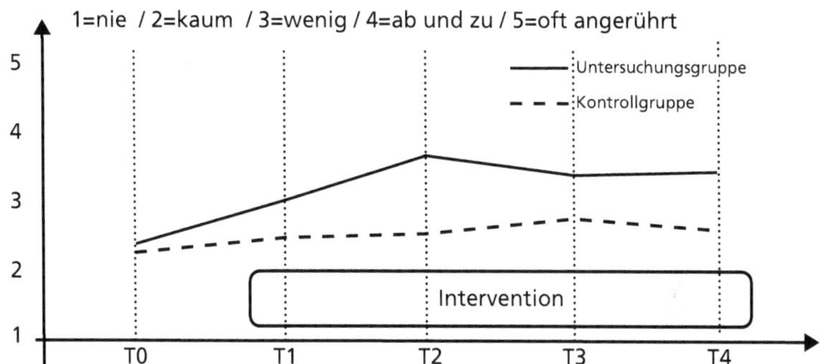

Abb. 13: Fallbeispiel 1 – Mittelwerte mit mehreren Messzeitpunkten mit Kontrollgruppenvergleich

Es ist eine leichte Abflachung zum Messzeitpunkt T3 festzustellen. In der nächsten Teambesprechung werden die Daten gemeinsam mit den Angebotsnutzenden besprochen und interpretiert. Dabei wird auch den Gründen für die Abflachung nachgegangen.

Wirkungszusammenhänge

Ein zentrales Element von Wirkmodellen sind die Wirkungszusammenhänge zwischen verschiedenen Wirkfaktoren oder zwischen einem Wirkfaktor und einem Wirkungsziel. In der Forschung werden solche Zusammenhänge z. B. mit Korrelationsberechnungen untersucht. Es ist mit gängiger Tabellenkalkulationssoftware möglich, einfache Korrelationsberechnung durchzuführen. Die Interpretation der Ergebnisse erfordert allerdings entsprechendes Fachwissen, das sich in Dienstleistungsorganisationen bei Absolvent*innen höherer Ausbildungen meist leicht aufspüren lässt. Mithilfe einfacher bildgebender Darstellungsmöglichkeiten kann der Zusammenhang zwischen zwei Wirkfaktoren aber auch visuell und ohne Berechnung untersucht werden. Hierbei kann Tabellenkalkulationssoftware mit einem Punktdiagramm mit zwei Achsen (X und Y) helfen. Wenn die Daten aus zwei unterschiedlichen Spalten der Tabelle gegenübergestellt werden, können in einem zweidimensionalen Raum zwischen den beiden Koordinatenachsen Punkte für jede Messung dargestellt werden. Eine Vielzahl von Punkten in diesem Koordinatensystem ermöglicht eine Einschätzung, ob das Verhältnis zwischen den beiden Messungen auf einen Zusammenhang und eine bestimmte Richtung hinweist.

Fallbeispiel 2: Entwicklung eines neuen Begleitsystems

In unserem Fallbeispiel mit der Werkstätte für Menschen mit Behinderungen interessiert uns der Zusammenhang zwischen der Abwesenheit von Fachpersonen in der Abteilung und dem Auftreten von Peer-Hilfen. Wir haben bereits die folgende Hypothese aufgestellt: Je weniger Begleitpersonen auf der Gruppe anwesend sind, desto eher beginnen die Angebotsnutzenden, sich gegenseitig zu helfen. Durch das Verbinden der Messungen des Wirkfaktors *Abwesenheit Fachpersonen* und des Wirkungsziels *Häufigkeit Peer-Hilfe* in einem Punktdiagramm lässt sich die Streuung der Messungen durch Punkte darstellen (▶ Abb. 14). Die Punkte im Diagramm zeigen eine eindeutige Tendenz, die auf einen positiven Zusammenhang zwischen der Abwesenheit von Fachpersonen und vermehrter Peer-Hilfe hinweist, was die Hypothese bestätigt. Die Bestätigung des Zusammenhangs in der Dienstleistungsorganisation ermutigt das Team, das Projekt auf weitere Organisationseinheiten auszuweiten.

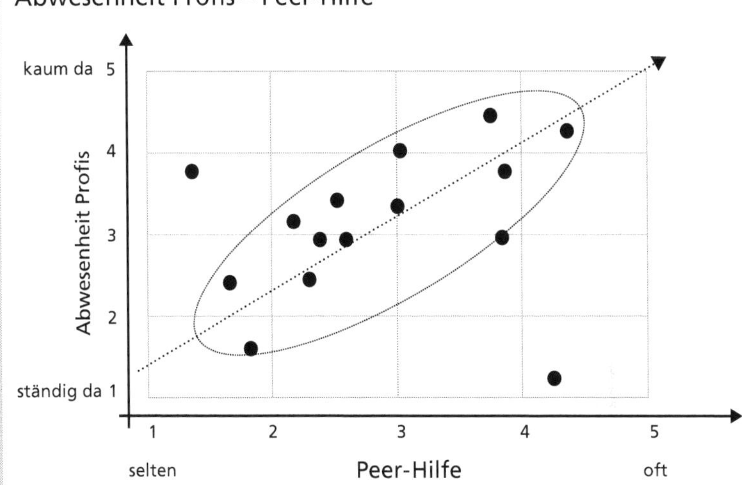

Abb. 14: Fallbeispiel 2 – Wirkungszusammenhang zwischen zwei Wirkfaktoren

Auf den Punkt gebracht

Mit der Operationalisierung wird das Wirkmodell in eine messbare 
Form umgewandelt, um Wirkfaktoren, Wirkungsziele und Wirkzu-
sammenhänge messbar und damit sichtbar zu machen. Mit einer konsistenten Operationalisierung wird bestimmt, welche Wirkfaktoren auf
welche Art und Weise gemessen werden sollen und wie diese in konkreten Messinstrumenten zusammengefasst werden. Dabei können
qualitative und quantitative Ansätze eingesetzt und miteinander kombiniert werden. Vor der eigentlichen Messung werden Fragen zur
Messstrategie geklärt. Die Messstrategie bestimmt das Vorgehen und
den Fahrplan der Messung. Die erzeugten Ergebnisse können mit verschiedenen Darstellungsformen aufbereitet und so vermittelt werden.
Besonders geeignet sind Diagramme, die mit gängiger Tabellenkalkulationssoftware erstellt werden können. Bildgebende Darstellungsformen sind wichtige Informationsträger und unterstützen die Auseinandersetzung mit den Ergebnissen, insbesondere in Gruppen.

Reflexionsfragen

- Habe ich ein klar strukturiertes und vorläufig gültiges Wirkmodell entwickelt, das die zentralen Wirkabsichten, Wirkfaktoren und ihre Zusammenhänge für die Bewertung meines Gegenstands darlegt?
- Habe ich mir Grundkenntnisse über die gängigen Skalierungen und die entsprechenden Erfassungsstrategien angeeignet?
- Habe ich eine Operationalisierungstabelle erstellt, in der das systematische Herunterbrechen der Wirkfaktoren und Wirkungsziele bis zu messbaren Variablen und Codes durchgängig ersichtlich wird?
- Sind alle wichtigen Wirkungsziele und Wirkfaktoren in der Operationalisierungstabelle enthalten?
- Habe ich die höchstmögliche Skalierung für meine Codes vorgesehen?
- Haben ich eine Messtrategie skizziert, die möglichst aussagekräftige Ergebnisse verspricht?
- Habe ich die nötige Zeit und die nötigen Ressourcen für die Durchführung der Messung eingeplant?
- Haben ich die Mithilfe von Personen organsiert, die fehlende fachliche Kompetenzen meinerseits ergänzen können?

Weiterführende Literatur

Döring, Nicola (2023). Forschungsmethoden und Evaluation in den Sozial- und Humanwissenschaften. (6. vollständig überarbeitete, aktualisierte und erweiterte Auflage). Heidelberg: Springer.

Fässler, Sarah, Studer, Sibylle (2019). Wirkungsevaluation von Interventionen. Leitfaden für Projekte im Bereich Bewegung, Ernährung und psychische Gesundheit. Arbeitspapier 46. URL: https://gesundheitsfoerderung.ch/sites/default/files/migration/documents/Arbeitspapier_046_GFCH_2019_02_-_Wirkungsevaluation_von_Interventionen.pdf (Zugriff am 15.10.2023).

Mayring, Philipp (2015). Qualitative Inhaltsanalyse. Grundlagen und Techniken. Weinheim, Basel: Beltz.

6 Einsatz von Wirkmodellen im Organisationsprozess

☞ **Überblick**

Wirkmodelle entfalten ihre größte Wirksamkeit, wenn sie nicht nur situativ im Alltag von einzelnen Fachkräften der Sozialen Arbeit eingesetzt werden, sondern wenn sie in der Prozessstruktur der Dienstleistungsorganisation verankert werden. In der Praxis von Dienstleistungsorganisationen können zwei sich unterscheidende Anwendungsfälle beobachtet werden, die mit zwei unterschiedlichen Ablaufmodellen bearbeitet werden können. Beim ersten Anwendungsfall geht es um die Bearbeitung von ungelösten Herausforderungen, für die innovative Herangehensweisen entwickelt werden sollen, das Wirkmodell dient hier als Hilfskonstruktion. Beim zweiten Anwendungsfall liegt bereits ein entwickeltes Vorhaben oder eine Intervention vor und der Fokus der Arbeit mit dem Wirkmodell liegt auf der Überprüfung der Wirksamkeit und der Bestätigung der Annahmen zu den Wirkungszusammenhängen, die zum Vorhaben oder zur Intervention geführt haben.

Wirkmodelle können sowohl bei der Einzelfallbearbeitung als auch beim Erkennen von Zusammenhängen über ganze Personengruppen hinweg als wertvolles Instrument dienen. Das Entwickeln eines Wirkmodells beansprucht Zeit und zieht einen gewissen Aufwand nach sich. Deswegen entfalten Wirkmodelle ihr Potential besonders beim Aufschlüsseln von komplexen Zusammenhängen in größeren Kontexten. Ein Wirkmodell im größeren Kontext ist eine Form von Verallgemeinerung von wiederkehrenden Zusammenhängen. Ein gutes und evidenzbasiertes Wirkmodell lässt sich also auf andere Personengruppen oder mehrere Organisationseinheiten übertragen. Der Aufwand für die Rekonstruktions- und Recherchearbeiten relativiert sich damit. Demzufolge gewinnt der Einsatz von Wirkmodellen an Bedeutung, je höher die Systemebene liegt und je mehr es in verschiedenen Kontexten eingesetzt werden kann.

In einer Dienstleistungsorganisation oder in einem Verbund von Organisationen oder in der Profession ist es also vernünftig, Wirkmodelle zu teilen. Damit werden sie zu wertvollen Wissensbeständen und zu einem zentralen Element des Wissensmanagements. Sie ermöglichen das Erfassen und Sichtbar-Machen von komplexen Zusammenhängen und führen in der Dienstleistungsorganisation zu besser abgesicherten und damit wirkungsvolleren Entscheidungen. Durch die systematische Erfassung und Analyse der Wirkfaktoren und ihrer Wechselwirkungen können Interventionen in ähnlichen Kontexten gezielter gestaltet und ihre Wirkung optimiert werden. Außerdem kann der Aufbau einer Bibliothek mit Wirkungszielen und Wirkfaktoren mit den entsprechenden Messinstrumenten dazu beitragen, dass diese wiederverwendet werden können, was den Aufwand wiederum reduziert. Es ist also folgerichtig als Organisation, den Einsatz von Wirkmodellen in den eigenen Prozessen zu verankern, beispielsweise durch die Integration in das Prozessmanagement der Dienstleistungsorganisation.

Definition Prozessmanagement

Prozessoptimierung und Prozessmanagement sind zentrale Konzepte, die darauf abzielen, die Effizienz und Effektivität von Arbeitsabläufen in Organisationen zu verbessern. Der kontinuierliche Verbesserungsprozess (KVP) steht dabei im Mittelpunkt, um die Prozesse stetig zu optimieren und an die sich verändernden Anforderungen anzupassen. Durch eine systematische Betrachtung und Analyse der Prozesse können Schwachstellen in der Organisationspraxis identifiziert und Maßnahmen zur Verbesserung ergriffen werden. Ein wichtiger Ansatzpunkt für die Prozessoptimierung ist die Verwendung eines Kreislaufs, beispielsweise der PDCA-Zyklus (Plan-Do-Check-Act). Dieser Kreislauf ermöglicht es, eine kontinuierliche Verbesserung der Prozesse zu erreichen, indem die Schritte des Planens, Umsetzens, Überprüfens und Handelns in einem sich wiederholenden Zyklus durchlaufen werden. Dabei werden Ziele definiert, Maßnahmen umgesetzt, die Ergebnisse überprüft und bei Bedarf Anpassungen vorgenommen (vgl. Becker, Kugeler & Rosemann 2012).

In unserer Praxisprojekten zeichnen sich zwei Anwendungsfälle in Dienstleistungsorganisationen ab, für die der Autor und Prof. Dr. Daniel Oberholzer an der Fachhochschule Nordwestschweiz FHNW zwei entsprechende Ablaufmodelle entwickelt haben. Sie orientieren sich an den Idealen des Prozessmanagements und folgen beide einem ähnlichen Ablauf, unterscheiden sich aber an bestimmten Stellen.

Im *ersten Anwendungsfall* wird der Prozess in der Dienstleistungsorganisation durch einen konkreten Entwicklungsauftrag oder auch vage durch ein unbestimmtes Gefühl der Verantwortlichen der Dienstleistungsorganisation ausgelöst, um innovative Antworten oder Lösungen auf ungelöste Herausforderungen zu finden. In diesem Fall liegt noch keine Idee für eine bestimmte Intervention vor, das Vorgehen und die Aktivitäten liegen noch im Dunkeln. Hier greift das *Ablaufmodell E – Entwickeln und Steuern* (▶ Kap. 6.1).

Der *zweite Anwendungsfall* wird mit *Ablaufmodell P – Prüfen und Verbessern* (▶ Kap. 6.2) behandelt. In diesem Modell ist in der Dienstleistungsorganisation bereits ein konkretes Vorhaben oder eine Intervention geplant worden und die Mittel und Aktivitäten sind bestimmt. Entweder handelt es sich um eine bereits realisierte Praxis, die überprüft werden soll, oder um ein Projekt, das vor der erstmaligen Umsetzung steht. Die Anwendung des Wirkmodells fokussiert die Untersuchung der Wirksamkeit des geplanten Vorhabens.

Die beiden Ablaufmodelle dienen als Orientierungs- und Strukturierungshilfe sowie als Entscheidungsgrundlage für die Prozessoptimierung. Sie sind ausdrücklich auf Flexibilität ausgelegt und können entsprechend den individuellen Prozessen und Anforderungen der Dienstleistungsorganisation ausgeweitet, abgekürzt und auch weiterentwickelt werden. Im Kern handelt es sich bei beiden Modellen um zirkuläre Abläufe, die im Rahmen einer Prozessoptimierung angewendet werden. Es sind idealtypische Abläufe, die in der Praxis selten in Reinform im vollständigen Durchlauf abgeschlossen werden.

Hinweis

Die einzelnen Schritte in den beiden Ablaufmodellen E und P sind teilweise identisch oder manchmal sehr ähnlich. Damit die Kette der einzelnen Schritte der beiden Ablaufmodelle nicht unterbrochen und der ganze Bogen des Ablaufs erfasst wird, wiederholen sich bestimmte Formulierungen in den nachfolgenden Ausführungen. Die Schritte 9 bis 14 sind in beiden Ablaufmodellen E und P identisch. Deshalb werden diese in Ablaufmodell P nicht wiederholt.

6.1 Ablaufmodell E – Entwickeln und Steuern

Das *Ablaufmodell E* (► Abb. 15) wird angewendet, wenn in der Praxis ein Zustand verändert werden soll, jedoch nicht klar ist, welche Interventionen dafür am besten geeignet sind. Dies tritt beispielsweise auf, wenn ein offizielles Ziel eines Angebots noch nicht zufriedenstellend erreicht wird, wenn ein bestehendes Angebot neue Ziele verfolgen will oder wenn für neue Organisationsziele überlegt wird, welches neue und innovative Angebot diese Ziele am besten unterstützt. In solchen Situationen geht es darum, neue Ansätze zu entwickeln und umzusetzen, um bestimmte Wirkungsziele besser zu erreichen. Der Kerngedanke des Modells besteht darin herauszufinden, welche Wirkfaktoren mit Blick auf ein bestimmtes Wirkungsziel eine hohe Wirksamkeit erzielen können und wie dieses Wissen in konkrete Interventionen umgesetzt und die Wirkung der Interventionen überprüft werden kann.

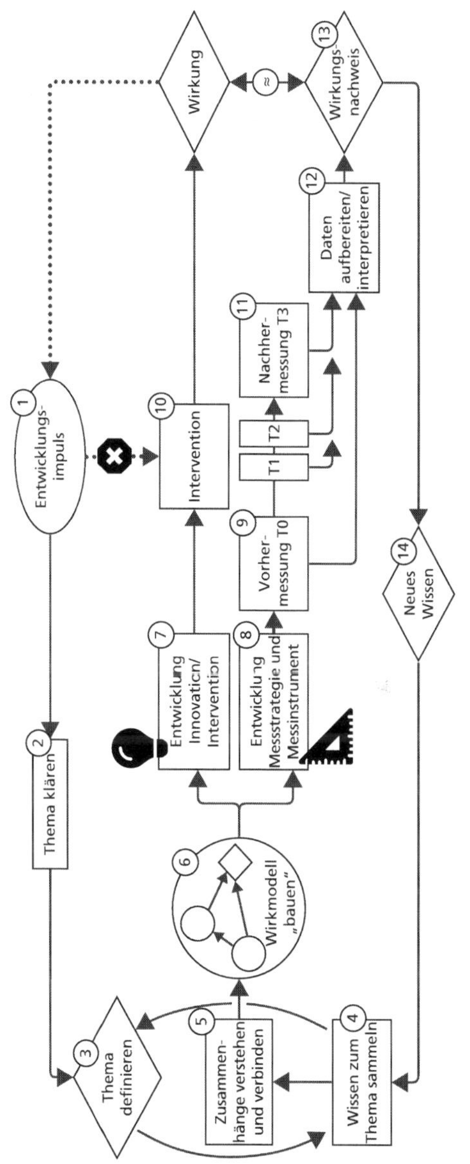

Abb. 15: Ablaufmodell E – Entwickeln und Steuern (entwickelt von Matthias Widmer & Daniel Oberholzer)

Schritt 1 – Entwicklungsimpuls

Wenn in Dienstleistungsorganisationen Veränderungsideen aufkommen, Aufträge für Weiterentwicklungen erteilt werden oder der Wunsch nach Innovation auftritt, steht zu Beginn immer ein Ausgangsimpuls. In unseren Praxisentwicklungsprojekten begegnen wird unterschiedlichen Entwicklungsimpulsen. Die häufigsten sind:

- Aufträge von Leitungspersonen oder Auftraggebenden zur Entwicklung eines neuen Angebots
- Ein diffuses Gefühl, dass bestimmte Wirkungsziele nicht ausreichend erreicht werden, und der Wunsch, dies zu verbessern
- Neue normative Vorgaben von Leistungsträgern oder politischen Trägern, die erfüllt werden müssen
- Eine Häufung von Anfragen nach Leistungen, die auf ein bestimmtes Bedürfnis reagieren sollen, die aber bisher nicht im Portfolio vorhanden sind
- Eigene strategische Ziele der Dienstleistungsorganisation, die langfristig wirkungsvoll erreicht werden sollen, für die aber noch keine konkreten Umsetzungsideen vorhanden sind

Der Blick auf unsere vier Fallbeispiele zeigt, dass die Beispiele 1 und 2 idealtypisch zum *Ablaufmodell E – Entwickeln und Steuern* passen.

Fallbeispiel 1: Verbesserung von Selbstbestimmung auf der Wohngruppe

Das Wohnangebot will mit einem frei verfügbaren Geldbetrag sicherstellen, dass Leistungsnutzende zu mehr Selbstbestimmung kommen. Bisherige Maßnahmen und Ideen zur Erzielung dieser Wirkung haben nicht funktioniert. Es ist daher von Interesse, interessante und bisher unbekannte Einflussfaktoren zu identifizieren, die dem angestrebten Wirkungsziel entweder im Wege stehen oder dieses besser unterstützen, damit wirksamere Interventionen eingeleitet werden können.

Fallbeispiel 2: Entwicklung eines neuen Angebots

In unserem Fallbeispiel, in dem in einer Werkstätte für Menschen mit Behinderungen ein neues Begleitsystem entwickelt werden soll, mit dem ineffiziente Arbeitseinsätze der Fachpersonen reduziert und gleichzeitig Peer-Hilfen zwischen den Angebotsnutzenden angeregt werden sollen, liegen bereits Vermutungen zu wichtigen Zusammenhängen vor, nicht aber konkrete Ideen für eine konkrete Intervention. Hier sind neue Ansätze und Herangehensweisen gefragt, die zum jetzigen Zeitpunkt noch unklar sind.

In Abildung 15 lässt sich erkennen, dass die Verbindung zwischen Entwicklungsimpuls (Schritt 1) und Intervention (Schritt 10) versperrt ist. Dies symbolisiert, dass dem Entwicklungsimpuls nicht unreflektiert nachgegeben und direkt mit Interventionen begonnen werden soll. Genau dies ist in Dienstleistungsorganisationen mit hohem Handlungsdruck sehr oft anzutreffen. Wenn die Praxis diesem Impuls allerdings nicht folgt und sich Zeit nimmt, den Impuls und das zugrundeliegende Thema aus verschiedenen Perspektiven zu betrachten und zu untersuchen, können Fallstricke vermieden werden. Zum Beispiel kann der Auftrag, einen Be triebs- oder Bewohnerbeirat zu etablieren, dazu führen, dass das eigentliche Ziel, nämlich die Beteiligung und Mitverantwortung der Angebotsnutzenden, durch ein klassisches Gremium in Form eines Rates nicht angemessen erreicht wird. Oder es kann vorkommen, dass der Aufbau einer Fachstelle beschlossen wird, nach der Implementierung wird jedoch erkannt, dass eine effektivere Wirkung durch die Ausbildung von Multiplikator*innen in den Organisationseinheiten erzielt werden könnte. Mit dem Vermeiden eines direkten Sprungs zur Intervention können Fehler verhindert werden. Stattdessen lohnt sich die Investition von Zeit für das bewusste Sammeln von belastbarem Wissen zum Thema, das mitunter zu anderen Schlüssen führt.

Schritt 2 – Thema klären

Zu Beginn geht es darum, die Fragen hinter dem Entwicklungsimpuls zu klären. Dies geschieht am besten in einer kleinen Gruppe, die mit dem Entwicklungsimpuls zu tun hat. Dies können beispielsweise die auftraggebende und die auftragnehmende Instanz oder schlicht Personen mit viel Wissen zum Gegenstand sein, der durch den Entwicklungsimpuls umrissen wird. Erfahrungsgemäß ist ein Workshop von mindestens einem halben Tag für diesen Schritt ausreichend. Sog. *Fragen hinter den Fragen* eignen sich bei diesem Klärungsprozess besonders gut, weil es im von Handlungsdruck geprägten Praxisalltag schnell passieren kann, dass vorschnell Schlüsse gezogen werden. Manchmal treffen offensichtlich plausible Lösungen bei näherer Betrachtung den Kern des Problems gar nicht.

Fragen hinter den Fragen

Fragen hinter den Fragen beziehen sich auf tieferliegende Aspekte oder Motive, die einer oberflächlichen Frage zugrunde liegen. Sie ermöglichen es, einen umfassenderen Einblick auf ein Thema zu erlangen. Methodisch kann der Blick auf das Thema durch gezieltes und vor allem mehrmaliges und stufenweise vertiefendes Fragen nach dem Warum erschlossen werden. Beispielsweise kann die Oberflächliche Frage lauten »Wie oft sollte der Betriebsbeirat tagen?« Die Frage hinter dieser Frage könnte lauten »Welchen Einfluss könnte die Häufigkeit der Sitzungen auf die Effektivität des Betriebsbeirats haben? Welche Ressourcen sind dafür erforderlich?«.

Zusammenfassend können *Fragen hinter den Fragen* als eine methodische Herangehensweise verstanden werden, um über die Oberfläche hinausgehende Informationen zu einem Thema zu gewinnen und ein tieferes Verständnis zu entwickeln. Es ist eine Möglichkeit, den Fokus auf verborgene Aspekte zu lenken.

Schritt 3 – Thema definieren

Basierend auf den Erkenntnissen aus Schritt 2 einigen sich die verantwortlichen Personen auf eine vorläufige Definition des Themas, das im weiteren Verlauf des Ablaufmodells bearbeitet wird – idealerweise in schriftlicher Form.

Schritt 4 – Wissen zum Thema sammeln

Bevor ein Wirkmodell erstellt wird, welches das Thema möglichst aussagekräftig abbildet, wird möglichst umfassendes Wissen zum Thema zusammengetragen. Dabei werden vielfältige Quellen herangezogen. Dazu gehören belastbares und verallgemeinerbares Wissen zum Thema aus Studien ebenso wie Erfahrungswissen in der Dienstleistungsorganisation oder eigens mit kleinen Experimenten erzeugtes Wissen zum Thema. Die Nutzung unterschiedlicher Wissensbestände schafft den Zugang für ein fundiertes Bild von möglichen Wirkfaktoren, Wirkungszielen und Wirkzusammenhängen und die Grundlage für die Konstruktion eines aussagekräftigen Wirkmodells (für Ausführungen und Anleitungen dazu, ▶ Kap. 4.1).

Schritt 5 – Zusammenhänge verstehen und verbinden

Nachdem umfassendes Wissen zum Thema gesammelt wurde, erfolgt die Zusammenführung und Ordnung der Informationen. In unseren Praxisprojekten haben wir gute Erfahrungen mit Workshops mit mehreren Personen unterschiedlicher Hintergründe gemacht. Idealerweise beteiligen sich jene Personen an diesem Schritt, die bereits an den Recherche- oder Forschungsaufträgen in Schritt 4 beteiligt waren. Mit ihnen kann Wissen gemeinsam zusammengetragen und diskutiert werden.

Alle gesammelten Materialien werden anschließend gesichtet und geordnet. Dabei werden bereits identifizierte hypothetische Zusammenhänge und Begriffe sowie ihre Bedeutung geklärt. Mit dem neuen Wissen kann es vorkommen, dass das ursprünglich in Schritt 3 bestimmte Thema in einem neuen Licht betrachtet und möglicherweise geschärft oder grundsätzlich überarbeitet werden muss. In solchen Fällen ist es sinnvoll, zu Schritt 3 zurückzugehen, das Thema neu zu definieren und zusätzliches Wissen zu erschließen. Dieser iterative Prozess zwischen Schritt 3 und 4 wird so oft wiederholt, bis ein konsistentes Bild des Themas entsteht und das erforderliche Wissen für das Konstruieren des Wirkmodells vorliegt (für genaue Ausführungen dazu, ▶ Kap. 4.2).

Schritt 6 – Wirkmodell konstruieren

Mit dem zusammengetragenen Wissen zum definierten Gegenstand liegen nun die Informationen zu den Wirkungszielen, den Wirkfaktoren und Wirkungszusammenhängen vor. Diese Informationen werden in diesem Schritt zu einem möglichst zusammenhängenden und konsistenten Wirkmodell verbunden. Das Wirkmodell zeigt in grafischer Form, welche Wirkfaktoren die Wirkungsziele in welche Richtung beeinflussen, welche Wirkfaktoren besonders gut beeinflussbar sind und welche kaum oder gar nicht beeinflusst werden können. Die Wirkungsweise des Wirkmodells wird mit einem ergänzenden Freitext beschrieben (für genaue Ausführungen dazu, ▶ Kap. 4.3).

Schritt 7 – Entwicklung Innovation/Intervention

Wenn ein Wirkmodell wie oben beschrieben ›gebaut‹ wird (▶ Kap. 3), werden die Stellen im Wirkmodell sichtbar, an denen das Wirkungsziel gut beeinflusst werden kann. Besonders interessant sind dabei die Wirkfaktoren mit einem hohen Freiheitsgrad, die von den Fachkräften in der Dienstleistungsorganisation oder durch Dritte beeinflusst werden können. Durch die Anzeige der Wirkungsrichtung kann vorausgesagt werden, in welche Richtung sich die Wirkfaktoren mit Freiheitsgraden bewegen müssen, um die angestrebte Wirkung beim Wirkungsziel zu erzielen.

Sobald die Zugriffspunkte für möglich Interventionen im Wirkmodell identifiziert sind, beginnt der kreative Teil der Interventionsentwicklung. Dabei ist es wichtig, sich von bestehenden Alltagsstrukturen zu lösen und Möglichkeiten einer idealen Situationsveränderung zu skizzieren. Kreative Prozesse, die durch das Hinzufügen neuer und das Weglassen von bestehenden Elementen oder neuen Kombinationen zu alternativen Möglichkeiten führen, erweisen sich in der Praxis als besonders fruchtbar, insbesondere wenn die Arbeit in Gruppen durchgeführt wird. Durch den Dialog zwischen Personen mit unterschiedlichen Hintergründen entstehen besonders vielfältige neue Ideen und Lösungsansätze. Dabei sollten die Personen, denen die Intervention letztendlich zugutekommt, möglichst beteiligt werden. Es ist ratsam, auch Personen außerhalb des spezifischen Praxiskontexts hinzuzuziehen, die alternative Perspektiven einbringen können.

Wenn mehrere Personen frei und ohne Beschränkungen innovative oder alternative Herangehensweisen entwickeln, entstehen zahlreiche Interventionsideen, die nicht alle zur Umsetzung gebracht werden können und deshalb im nächsten Schritt bewertet und geordnet werden müssen. Es empfiehlt sich eine Bewertung der Ideen anhand von Kriterien wie Machbarkeit, Finanzierbarkeit, Erfolgschancen, Ressourcenbedarf und auch nach der Motivation der Beteiligten, die Maßnahmen umsetzen zu wollen. Es ist notwendig, eine Auswahl zu treffen, die in die Umsetzung gebracht wird.

Fallbeispiel 1: Verbesserung von Selbstbestimmung auf der Wohngruppe

Das in Kapitel 4.4 vorgestellte Wirkmodell zeigt, dass der kurzfristige Einfluss auf die erlernte Hilflosigkeit der Angebotsnutzenden der Wohngruppe begrenzt ist, weil Sozialisationsprozesse anhaltend und träge sind (▶ Kap. 4.4). Es wäre zwar möglich, durch Schulungen Einfluss auf das Verhalten der Erziehungsberechtigten zu nehmen, doch Verhaltensänderungen sind mit erheblichem Aufwand verbunden und nur schwer anzuregen, wie in der Verhaltensforschung gut dokumentiert wird (vgl. Ajzen 2005). Daher ist zunächst die Klärung ratsam, wie offen das Team gegenüber dem Thema Selbstbestimmung ist, um zumindest hier verstärkende Effekte betreffend erlernter Hilflosigkeit auszuschließen. Hierbei ist das Messinstrument zur Einstellung des Teams hilfreich, das ohnehin für den Wirkungsnachweis entwickelt wird. In diesem Zusammenhang kann die gemeinsame Erarbeitung und Reflexion des Messinstruments mit dem Team zusätzlich dazu beitragen, das Bewusstsein für das Thema Selbstbestimmung zu schärfen und Haltungen zu klären. Die Entwicklung des Messinstruments selbst ist damit bereits eine Form der Intervention. Schließlich muss das Team für eine Intervention gewonnen werden, bei der Lebensmittel knappgehalten werden sollen, um bei den Angebotsnutzenden den Impuls für Einkäufen anzuregen. Eine solche Intervention kann Zielkonflikte im Team hervorrufen, insbesondere bei Fachpersonen mit einer ausgeprägt fürsorglichen Haltung. Daher ist ein möglichst offener Umgang mit dem Thema wichtig. Der einfachere Teil der Intervention besteht darin, Erfahrungen mit dem Einkaufen für die Angebotsnutzenden aufzubauen. Hier ist es sinnvoll, sich einen Überblick darüber zu verschaffen, welche Angebotsnutzenden bereits über welche Erfahrungen verfügen. Ein geeigneter Ansatz könnte ein klassisches Einkaufstraining sein, zunächst mit Begleitung und dann zunehmend ohne fachliche Unterstützung. Falls Angebotsnutzende bereits über viel Erfahrungen verfügen, können diese als Peer-Coaches eingesetzt werden. Darüber hinaus sind kreative Ideen wichtig, um den Angebotsnutzenden deutlich zu machen, dass ihnen Geld zur Verfügung steht, das sie auch einsetzen sollen.

Fallbeispiel 2: Entwicklung eines neuen Angebots

Die in Kapitel 4.4 herausgestellten Wirkfaktoren, Wirkungsziele und Wirkungszusammenhänge im Wirkmodell der Werkstätte für Menschen mit Behinderungen machen deutlich, dass grundsätzlich alle Wirkfaktoren Freiheitsgrade für Interventionen aufweisen (▶ Kap. 4.4). Dadurch besteht die Möglichkeit, frei über mögliche Interventionen nachzudenken. Zum Beispiel könnte geplant werden, die Büros der Fachpersonen aus den Abteilungen zu nehmen. Falls noch Unsicherheit über die Wirksamkeit dieser Maßnahme und Bedenken wegen des Aufwands bestehen, können zuerst kleinere Experimente durchgeführt werden, beispielsweise indem die Büros temporär für eine Woche in anderen Räumen untergebracht werden oder indem die Abteilungen ihre Büros gegenseitig tauschen. Ebenso können abteilungsübergreifende Einsätze im Dienstplan vorgesehen werden. Durch die Zusammenarbeit über die Abteilungsgrenzen hinweg wird die enge Verbindung zwischen Fachpersonen und Leistungsnutzenden gelockert.

Es kann auch bewusst die Abwesenheit von Fachpersonal herbeigeführt werden. In diesem Fall muss das Fachteam klären, wie das umgesetzt werden soll. Dabei handelt es sich um eine bewusste Veränderung einer etablierten Praxis. Diese Veränderung kann mit den ausgelagerten Büros der Fachpersonen kombiniert werden, und die Angebotsnutzenden können informiert werden, wo Fachpersonen bei Fragen zu finden sind. Im Hinblick auf subjektbezogene Leistungen, zu denen auch Unterstützungsleistungen ›auf Bestellung‹ gehören könnten, könnte ein Gutscheinsystem interessant sein. Durch entsprechende Zeitgutschriften können Leistungsnutzende Begleitleistungen ›einkaufen‹. Da es sich um ein komplexes Thema mit vielen offenen Fragen handelt, wird eine experimentelle Phase von einem halben Jahr vorgesehen. In dieser Phase werden die skizzierten Interventionsideen kontinuierlich getestet und angepasst. Nach einem halben Jahr wird Bilanz gezogen und das Wirkmodell überarbeitet. Zu diesem Zeitpunkt sollten ausreichend Erkenntnisse aus den Experimenten vorliegen, um ein endgültiges Begleitkonzept zu entwickeln, das den effizienten Einsatz der Personalressourcen und die Häufigkeit der Peer-Hilfen positiv beeinflusst.

Schritt 8 – Entwicklung Messtrategie und Messinstrument

Im Idealfall wird bei einer Intervention ausreichend Zeit zwischen dem Impuls, eine Entwicklung anzugehen, und der tatsächlichen Umsetzung einer neuen Intervention eingeplant. In dieser Zeit setzen sich Projektteams nicht nur mit dem Bau eines schlüssigen Wirkmodells auseinander, sondern auch mit der Frage der Erfolgskontrolle. Dafür wird das Wirkmodell operationalisiert und aus der Operationalisierung werden Messinstrumente abgeleitet. Wichtig ist jetzt auch die Entwicklung einer realistischen Messstrategie. Dieser Vorlauf sollte auch genutzt werden, um eine sog. Basismessung durchzuführen, die vor der tatsächlichen Intervention stattfindet. Mit einer Basismessung wird die Aussagekraft der nachfolgenden Wirkungsmessungen erhöht, weil sich die Wirkung im Vorher-

Nachher-Vergleich leichter ablesen lässt. Wenn mehrere Messzeitpunkte während der Intervention eingeplant werden, kann der Verlauf der Wirkung gut nachgezeichnet werden. Eine Kontrollgruppe, die nicht unter dem Einfluss der Intervention steht, erhöht die Aussagekraft der Messung zusätzlich (für genaue Ausführungen dazu, ▶ Kap. 5.7).

Schritt 9 – Vorhermessung

Wie unter Schritt 8 ausgeführt, schafft eine Basismessung vor der geplanten Intervention die besten Voraussetzungen für einen aussagekräftige Wirkungsnachweis. Diese Messung wird Basismessung oder T0-Messung genannt.

Schritt 10 – Intervention

Während der Umsetzung der Intervention ist der Projektplan und die Messstrategie zu befolgen: Bei einer T0-Messung mit einer abschließenden Messung nach der Intervention sind keine weiteren Schritte betreffend Messen zu beachten. Bei einer Messstrategie mit mehreren Messungen während der Intervention werden diese mit T1, T2, T3 usw. durchnummeriert. Diese Messungen sind gut vorzubereiten und auch strategisch zu terminieren. Ein Synchronisieren der Messzeitpunkte mit geplanten Interventionsschritten macht dann Sinn, wenn besondere Wirkungen durch geplante Interventionen erwartet werden. In diesem Fall werden kurz nach der Intervention einer oder mehrere Messzeitpunkte eingeplant.

Schritt 11 – Nachhermessung

Die Nachhermessung erfolgt entweder unmittelbar nach der Durchführung der Intervention oder am Ende des festgelegten Evaluationszeitraums, falls die untersuchte Intervention langfristig oder ohne Endzeitpunkt angelegt ist. Es ist wichtig, dass nicht zu viel Zeit zwischen dem Ende der Intervention oder dem Evaluationszeitraum und der Nachhermessung verstreicht, um unerwünschte Einflüsse auf die Ergebnisse zu vermeiden.

Schritt 12 – Daten aufbereiten und interpretieren

Mit der letzten Messung werden alle erfassten Daten zusammengeführt und so aufbereitet, dass Wirkungszusammenhänge und Entwicklungen adressatengerecht verständlich werden. Für die Präsentation der Daten empfehlen wir, das ursprüngliche Wirkmodell in grafischer Form als Grundlage zu verwenden, da entlang dieser Darstellung Wirkungszusammenhänge besser besprochen werden können. Bei komplexen Wirkmodellen eignen sich komplexitätsreduzierte Darstellungen des Wirkmodells, z. B. indem mehrere Wirkfaktoren zu einem Überbegriff zusammengezogen werden. Falls die Stärke des Wirkungszusammenhangs bereits eingeschätzt oder gar statistisch berechnet wurde, wird das Wirkmodell vorbereitend um diese Werte ergänzt.

Für die Interpretation der Daten bewähren sich in unseren Praxisprojekten Datenworkshops mit verschiedenen Personen, in denen die Ergebnisse gemeinsam interpretiert werden. Je mehr Perspektiven einbezogen werden, desto vielfältiger fallen die Erkenntnisse aus. Zudem lohnt sich die Anwesenheit derjenigen Personen, die die Erfassung und Auswertung der Daten durchgeführt haben. Sie können auftretende Fragen aus der Gruppe am besten beantworten und mögliche Beobachtungen aus dem Erfassungs- und Auswertungsprozess einfließen lassen (für genaue Ausführungen dazu, ▶ Kap. 5.8).

Schritt 13 – Wirkungsnachweis

Die Erkenntnisse, die aus der Interpretation der Daten in Schritt 12 gewonnen wurden, dienen zusammen mit den Messergebnissen als Grundlage für den eigentlichen Wirkungsnachweis. Basierend darauf kann z. B. ein schriftlicher Bericht erstellt werden, wobei die Darstellung, Umfang und Komplexität je nach Zielgruppe variiert.

Schritt 14 – Neues Wissen

In Schritt 12 werden aus der kritischen Auseinandersetzung mit den Ergebnissen in der Gruppe Erkenntnisse und nicht selten Vermutungen zu neuen Wirkfaktoren oder Wirkungszusammenhängen abgeleitet. Dieses neue Wissen wird nun, wenn das Ablaufmodell erneut durchlaufen wird, in Schritt 4 zurückgeführt. Oder es wird an einem geeigneten Ort gesichert, damit die Wissensbestände zu einem späteren Zeitpunkt bei ähnlichen oder verwandten Themen gefunden und wiederverwendet werden können. Idealerweise werden Versionen des Wirkmodells gespeichert, die den Erkenntnisprozess abbilden.

6.2 Ablaufmodell P – Prüfen und Verbessern

Das *Ablaufmodell P* wird angewendet, wenn in der Dienstleistungsorganisation eine Intervention oder ein Programm bereits festgelegt oder schon geplant ist. Das Wirkmodell ist in diesem Fall eine Rekonstruktion des geplanten Vorgehens unter Hinzunahme von weiteren Einflussfaktoren (▶ Abb. 16). Dabei sind die Programm- oder Interventionsziele im Wirkmodell üblicherweise die Wirkungsziele. Im Rahmen der Rekonstruktion können jedoch auch zusätzlich Wirkfaktoren identifiziert werden, die in den Programm- und Interventionsplanungen noch nicht berücksichtigt wurden. Mindestens in groben Zügen sollte mit der Rekonstruktion in einem Wirkmodell das Grundanliegen der Intervention oder des Programms bestätigt werden. Das Ablaufmodell P hat damit den Charakter einer Programmevaluation: Es wird überprüft, ob das Geplante umgesetzt wird, welche Wirkungen ausgelöst werden und ob die unterstellten Wirkungszusammenhänge in der vorgesehenen Form eintreten. Damit eignet sich dieses Vorgehen gut, um die Wirkung eines bereits vorliegenden Vorhabens zu überprüfen, also für eine Erfolgskontrolle. Die erzeugten Produkte aus der Messung eignen sich auch für Berichterstattungen gegenüber externen Instanzen, beispielsweise finanzierende Stellen. Es besteht je nach Messtrategie die Möglichkeit, während des Messvorgangs Ergebnisse in den Prozess zurückzuspielen und laufend Korrekturen am Vorgehen anzubringen. Insgesamt spielen Innovation und überraschende Ideen in diesem Vorgehen eine eher untergeordnete Rolle.

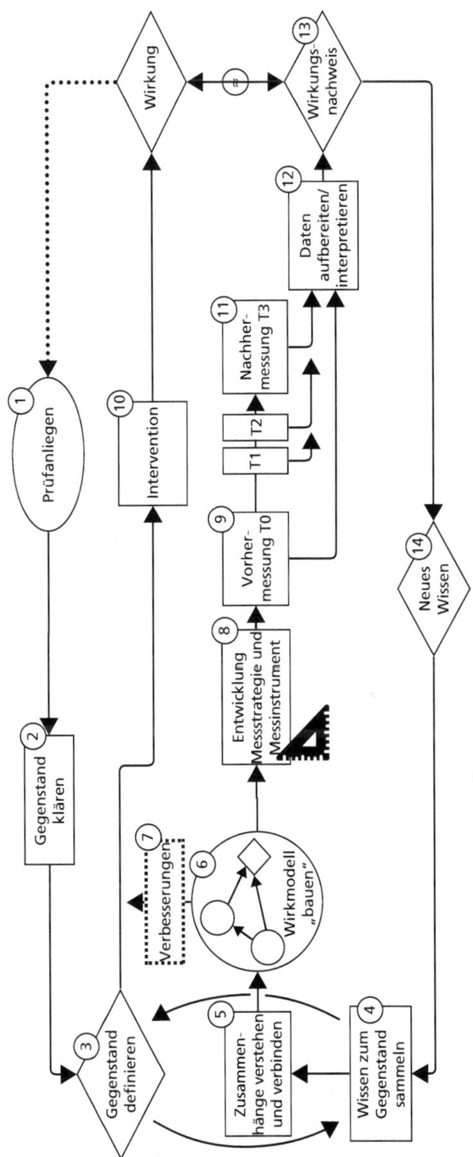

Abb. 16: Ablaufmodell P – Prüfen und Verbessern (entwickelt von Matthias Widmer & Daniel Oberholzer)

Es kann vorkommen, dass während des Prozesses Inkonsistenzen oder logische Fehler im untersuchten Vorhaben sichtbar werden. In einem solchen Fall wird der eingeschlagene Prozess vorzeitig verlassen und mit dem *Ablaufmodell E – Entwickeln und Steuern* (▶ Kap. 6.1) weiter gemacht, weil eine grundlegende Neubeurteilung des Gegenstands in diesem Fall Sinn macht.

Schritt 1 – Prüfanliegen

Beim *Ablaufmodell P – Prüfen und Verbessern* steht am Anfang ein konkretes Vorhaben, das bereits in Umsetzung oder kurz vor der Einführung ist. Die Wirkabsichten des Programms oder der Intervention sind dabei bereits weitgehend geklärt. Nachfolgend findet sich eine Auflistung typischer Prüfanliegen, für die sich dieses Ablaufmodell eignet:

- ein Programm, das bereits in Umsetzung ist, bei dem je nach Kontext (unterschiedliche Personen, Orte, Zeiträume usw.) unterschiedliche Wirkungen beobachtet werden, die nicht verstanden werden,
- ein neues und bereits geplantes Programm, das kurz vor der Umsetzung steht. Die Wirkung des Programms soll untersucht und berichtet werden,
- in einem bestehenden Angebot wird eine neue Vorgehensweise, beispielsweise ein neues Prozessgestaltungssystem oder Eintrittsassessment, eingeführt. Die Wirkung dieses Prozesses auf definierte Wirkabsichten soll überprüft werden.

Im Gegensatz zu Ablaufmodell E geht es hier nicht darum, eine unbeantwortete Frage zu beantworten oder Lösungen für ein ungelöstes Problem zu entwickeln, sondern darum, ein bereits geplantes Unterfangen genauer zu untersuchen, mögliche zusätzliche Einflussfaktoren zu identifizieren und ggf. spezifische Verbesserungen einzuleiten.

Der Blick auf unsere vier Fallbeispiele zeigt, dass die Beispiele 3 und 4 idealtypisch für das *Ablaufmodell P – Prüfen und Verbessern* stehen.

Fallbeispiel 3: Erfolgskontrolle eines bestehenden Projekts

Die große Firma, die mit einer erfahrenen Dienstleistungsorganisation im zweiten Arbeitsmarkt zusammenarbeitet, um zehn inklusive Arbeitsplätze zu schaffen, hat bereits einen Projektplan erstellt und diesen für einen Unterstützungsantrag bei einer Stiftung verwendet. Bevor die Stiftung den Antrag bewilligt, fordert sie eine Wirkungsevaluation des Projekts. Das *Ablaufmodell P – Prüfen und Verbessern* ist gut dafür geeignet. Es wird eine formative Evaluation als Messstrategie geplant (► Kap. 5.7), damit die zentralen Wirkungsziele und die Wirkfaktoren laufend gemessen und Rückschlüsse auf Verbesserungspotentiale während der Intervention gezogen werden können. Durch regelmäßige Messzeitpunkte werden kontinuierlich Erkenntnisse in das laufende Projekt zurückgeführt. Damit erhält einerseits die Stiftung Sicherheit, wie gut sie ihr Geld einsetzt, anderseits ist die Projektorganisation im Besitz eines Instruments, das sie bei ihrem kontinuierlichen Verbesserungsprozess systematisch unterstützt. Sie kann damit laufend kontrollierte Anpassungen an ihrer Intervention vornehmen.

Fallbeispiel 4: Vergleich von Angeboten

Für die Bereichsleitung, die für zwei Angebote mit gleicher Zielgruppe und Wirkungszielen verantwortlich ist und feststellt, dass trotz ähnlicher Voraussetzungen deutlich unterschiedliche Wirkungen erzielt werden, bietet das *Ablaufmodell P – Prüfen und Verbessern* eine interessante Methode für die Ergründung der Unterschiede. Im ersten Schritt geht es darum, die Gründe für die Unterschiede zu verstehen, ohne sofort Verbesserungen an den Angeboten vorzunehmen. Mit dem gewonnenen Wissen könnte anschließend das *Ablaufmodell E – Entwickeln und Steuern* genutzt werden, um ein Verbesserungsprojekt abzuleiten.

Schritt 2 – Gegenstand klären

Das Anliegen in diesem Schritt ist die Klärung, was genau das Thema und damit der Gegenstand der geplanten Intervention ist. Obwohl vielleicht bereits ein ausdifferenzierter Projektplan vorliegt, empfehlen wir in unseren Praxisprojekten eine Klärung mit einer Gruppe von Beteiligten vorzunehmen. Dabei wird der zu prüfende Gegenstand, dem die Intervention entspringt, einer kritischen Betrachtung unterzogen. Grundlegende Fragen zur Intervention sollen aufgeworfen werden. Es kommt häufig vor, dass der zu bearbeitende Gegenstand im Rahmen dieser Reflexion noch einmal umfassend hinterfragt und diskutiert werden muss und dass geplante Aktivitäten noch einmal grundsätzlich überarbeitet oder ergänzt werden müssen.

Auch hier wird, wie in Kapitel 6.1 in Schritt 2 empfohlen, bewusst nach den *Fragen hinter den Fragen* zu gesucht (▶ Kap. 6.1). Diese ermöglichen einen umfassenderen Blick auf und hinter den Gegenstand, indem sie tiefere Aspekte und Motive aufdecken. Durch gezieltes Nachfragen nach dem Warum kann der Fokus auf verborgene Aspekte gelenkt werden.

Am Schluss dieses Schrittes haben die beteiligten Personen sich darauf verständigt, was innerhalb des Prüfanliegens liegt und was außerhalb.

Schritt 3 – Gegenstand definieren

Basierend auf den Erkenntnissen aus Schritt 2 einigen sich die verantwortlichen Personen auf eine vorläufige Definition des Gegenstands, der im weiteren Verlauf des Ablaufmodells bearbeitet wird – idealerweise in schriftlicher Form.

Schritt 4 – Wissen zum Gegenstand sammeln

Bevor ein Wirkmodell erstellt wird, das den Gegenstand möglichst aussagekräftig abbildet, wird umfassendes Wissen zur geplanten Intervention zusammengetragen. Dabei werden möglichst vielfältige Wissensbestände herangezogen. Die primäre Quelle ist Wissen zur geplanten Intervention, das sich häufig in einem Projektplan wiederfindet. Wenn kein Projektplan vorliegt, beispielsweise weil ein Team die Intervention in der Teamsitzung ohne Dokumentation entwickelt hat, werden die Annahmen, die der Intervention zugrunde liegen, bei beteiligten Personen erfragt.

Sind die Intervention und die Wirkungsannahmen der Intervention festgelegt, werden ergänzende Informationen gesammelt. Dazu gehört belastbares und verallgemeinerbares Wissen zum Thema aus Studien ebenso wie Erfahrungswissen in der Dienstleistungsorganisation oder eigens mit kleinen Experimenten erzeugtes Wissen für das Thema. Diese bestätigen die Wirkungsannahmen der Intervention oder stellen sie auch infrage. Die Nutzung unterschiedlicher Wissensbestände schafft den Zugang für ein fundiertes Bild von möglichen Wirkfaktoren, Wirkungszielen und Wirkzusammenhängen und damit die Grundlage für die Konstruktion eines aussagekräftigen Wirkmodells (für genaue Ausführungen zum Sammeln von ergänzenden Informationen, ▶ Kap. 4.1).

Schritt 5 – Zusammenhänge verstehen und verbinden

Nachdem umfassendes Wissen zum Thema gesammelt wurde, erfolgt die Zusammenführung und Ordnung der Informationen. Gute Erfahrungen bestehen mit Workshops, an denen mehrere Personen mit unterschiedlichen Hintergründen teilnehmen. Idealerweise beteiligen sich jene Personen an diesem Schritt, die bereits an den Recherche- oder Forschungsaufträgen in Schritt 4 beteiligt waren. Mit ihnen kann Wissen gemeinsam zusammengetragen und diskutiert werden.

Alle gesammelten Materialien werden anschließend gesichtet und geordnet. Dabei werden bereits identifizierte hypothetische Zusammenhänge untersucht und Begriffe sowie ihre Bedeutung geklärt. Mit neuem Wissen kann es passieren, dass die geplante Intervention in einem neuen Licht betrachtet und möglicherweise überarbeitet werden muss. In solchen Fällen ist es sinnvoll, zu Schritt 3 zurückzugehen, den Gegenstand neu zu definieren und zusätzliches Wissen zu erschließen. Dieser iterative Prozess zwischen Schritt 3 und 4 wird so oft wiederholt, bis ein konsistentes Bild des Gegenstands entsteht und das erforderliche Wissen für das Konstruieren eines Wirkmodells vorliegt (für genaue Ausführungen dazu, ▶ Kap. 4.2).

Schritt 6 – Wirkmodell konstruieren

Mit dem zusammengetragenen Wissen zum definierten Gegenstand liegen Informationen zu den Wirkungszielen, den Wirkfaktoren und Wirkungszusammenhängen vor. Diese Informationen werden in diesem Schritt zu einem möglichst zusammenhängenden, konsistenten Wirkmodell verbunden. Das Wirkmodell zeigt in grafischer Form, welche Wirkfaktoren die Wirkungsziele in welche Richtung beeinflussen und wo die geplanten Interventionen ansetzen (für genaue Ausführungen dazu, ▶ Kap. 4.3).

Schritt 7 – Verbesserungen

In einem guten Wirkmodell wird ersichtlich, mit welchen Zugriffspunkten die Wirkungsziele beeinflusst werden können. Idealerweise decken sich die geplanten Interventionen mit den Zugriffspunkten im Wirkmodell. Mit dem zusätzlichen Wissen über den Interventionsplan hinaus werden weitere Wirkfaktoren erkennbar, die zwar nicht explizit Teil der Intervention sind, aber das Potenzial haben, die Wirkungsziele positiv oder negativ im Sinne der Interventionsziele zu beeinflussen. Vielleicht wird auch erkannt, dass mit geplanten Interventionen Wirkungsziele nur schwer erreicht werden können. Mit diesen Informationen können die verantwortlichen Personen in die geplante Intervention eingreifen und punktuelle Veränderungen beim geplanten Vorgehen vornehmen. Dies mit dem Ziel, die Wirksamkeit des Vorhabens zu erhöhen.

Schritt 8 – Entwicklung Messtrategie und Messinstrument

Im Idealfall wird bei einer Intervention ausreichend Zeit zwischen der Planung und der tatsächlichen Umsetzung der Intervention eingeplant. In dieser Zeit setzen sich Projektteams nicht nur mit der Konstruktion eines schlüssigen Wirkmodells auseinander, sondern auch mit der Frage der Erfolgskontrolle. Dafür wird eine Messstrategie und aus dem Wirkmodell ein Messinstrument entwickelt. Dieser Vorlauf sollte auch genutzt werden, um eine sog. Basismessung durchzuführen, die vor der tatsächlichen Intervention stattfindet. Mit einer Basismessung wird die Aussagekraft der nachfolgenden Wirkungsmessungen deutlich erhöht, weil sich die Wirkung im Vorher-Nachher-Vergleich leichter ablesen lässt. Wenn mehrere Messzeitpunkte während der Intervention eingeplant werden, kann der Verlauf der Wirkung gut nachgezeichnet werden. Eine Kontrollgruppe, die nicht unter dem Einfluss der Intervention steht, erhöht die Aussagekraft der Messung zusätzlich (für genaue Ausführungen dazu, ▶ Kap. 5.7).

Wie im Ablaufmodell E ist es auch hier vorteilhaft, wenn Planung und Intervention nicht unmittelbar aufeinander folgen. Im besten Fall sollte zwischen dem Entscheid für eine Intervention und ihrer tatsächlichen Umsetzung genug Zeit eingeplant werden. In dieser Phase setzen sich Projektteams nicht nur intensiv mit dem Aufbau eines aussagekräftigen Wirkmodells auseinander, sondern auch mit der Frage, wie der Erfolg des Programms oder der Intervention gemessen werden kann. Es wird eine klare Messstrategie entwickelt und ein Messinstrument aus dem Wirkmodell abgeleitet. Diese Vorbereitungszeit bietet auch die Möglichkeit für eine sog. Basismessung vor der eigentlichen Intervention. Eine Basismessung vor der Intervention verbessert die Aussagekraft der nachfolgenden Wirkungsmessungen, da Veränderungen leichter im Vorher-Nachher-Vergleich ablesbar sind. Durch die Planung von mehreren Messzeitpunkten während der Intervention kann der Verlauf der Wirkung gut nachvollzogen werden. Zusätzlich steigert eine Kontrollgruppe, die nicht von der Intervention betroffen ist, die Aussagekraft der Messung (für genaue Ausführungen dazu ▶ Kap. 5.7).

Schritte 9 bis 14

Die hier einsetzenden Schritte 9 bis 14 sind in beiden Ablaufmodellen E und P identisch. Sie können in Kapitel 6.1 nachgeschlagen und hier eingesetzt werden (▶ 6.1).

6.3 Abschließende Hinweise zur Umsetzung der Ablaufmodelle

Beide oben vorgestellten Ablaufmodelle E und P sind idealtypische Prozesse, die die Funktionalität und den logischen Aufbau der beiden Abläufe verdeutlichen. In der Praxis ist es jedoch selten möglich, diese Modelle idealtypisch umzusetzen. Häufig treten während des Prozesses Störfaktoren auf, die berücksichtigt und in den Ablauf integriert werden müssen. Beispielsweise können neue oder austretende Personen, die einen bedeutenden Einfluss auf die Wirkungszusammenhänge haben, oder anderer Projekte in der Dienstleistungsorganisation die Wirkungsziele maßgeblich beeinflussen. In solchen Fällen ist es eher die Regel als die Ausnahme, dass der Prozess unterbrochen oder verzögert oder zwischen den Schritten hin- und hergesprungen wird. Es kann beispielsweise während der Intervention sinnvoll sein, zur Rekonstruktion des Wirkmodells in Schritt 5 zurückzukehren, weil plötzlich neues Wissen aufgetaucht ist. Das wiederum zieht eine Überarbeitung des Messinstruments nach sich.

Auf den Punkt gebracht

Wirkmodelle sind wertvolle Analyseinstrumente, mit denen Wirkungszusammenhänge von bereits skizzierten Projekten und Interventionen rekonstruiert werden können oder mit denen unverstandene Phänomene bearbeitet werden können. In einem typischen Anwendungsfall bilden sie die Grundlage für eine systematische Evaluation bereits geplanter Interventionen. Im anderen Anwendungsfall sind sie das bevorzugte Mittel bei der Entwicklung neuer und innovativer Interventionen. Wirkmodelle sind dann besonders wertvoll für eine Organisation, wenn sie Verallgemeinerungen von wiederkehrenden Zusammenhängen ermöglichen, sodass die gewonnenen Erkenntnisse auf andere Personen und Gruppen in verschiedenen Kontexten übertragen werden können. Wirkmodelle dienen als Instrumente zur Steigerung der Effektivität und Effizienz von Maßnahmen in der Sozialen Arbeit. In einer Dienstleistungsorganisation oder einem Verbund von Organisationen ist es daher sinnvoll, sich auf gewisse Abläufe bei der Anwendung von Wirkmodellen zu einigen und mit der Anwendung erzeugtes Wirkungswissen in der Dienstleistungsorganisation zu teilen.

Reflexionsfragen

- Hat mein Wirkungsanliegen mehr den Charakter einer bereits beschlossenen Intervention oder geht es um ein unverstandenes Phänomen, für das ich neue Lösungen suche?
- Bin ich mir im Klaren darüber, welcher Impuls mich bei meinem Wirkungsanliegen antreibt?
- Habe ich das bestmögliche Wissen zum meinem Thema zusammengetragen?
- Habe ich das Durchführen kleiner pragmatischer Experimente für die Herstellung von Wissen in Betracht gezogen?
- Habe ich bei der Entwicklung von Interventionen fachfremde Personen zu Rate beigezogen?
- Habe ich für meine Wirkungsmessung eine Basismessung eingeplant?
- Habe ich sichergestellt, dass meine Messergebnisse in den Prozess zurückfließen können und nutzbar gemacht werden?

Weiterführende Literatur

Bruhn, Manfred (2021). Einsatz des EFQM-Modells für Non-Profit-Organisationen. In: Bruhn, M., Qualitätsmanagement für Non-Profit-Organisationen (183–221). Wiesbaden: Springer Gabler.

Brandl, Paul (Hrsg.) (2021). Prozessoptimierung: Basis zur Neugestaltung sozialer Dienstleistungen. Mehr Nutzen – weniger Ressourcen – mehr Nachhaltigkeit. Regensburg: Walhalla.

7 Organisationsentwicklung mit Wirkmodellen steuern

☞ Überblick

Dieses Kapitel befasst sich mit der wirksamen Steuerung von Entwicklungen in Dienstleistungsorganisationen für Personen mit Behinderungen. Der Fokus in diesem Kapitel liegt mehr auf der Innenperspektive der Dienstleistungsorganisation und weniger auf den einzelnen Professionellen der Sozialen Arbeit. Diese sind als prägende Mitarbeitende der Dienstleistungsorganisation trotzdem angesprochen. Dabei werden die spezifischen Herausforderungen für kontinuierliche Qualitätsentwicklung thematisiert. Diese Herausforderungen resultieren aus dem institutionellen Charakter sozialer Unternehmen sowie den Managementsystemen, die noch nicht auf das Kerngeschäft der Sozialen Arbeit zugreifen. Ein effizienter Zugang ist die gezielte Auseinandersetzung mit den Qualitätsversprechen, die die Dienstleistungsorganisation den Anspruchsberechtigten und Leistungsnutzenden machen will. Basierend auf Qualitätsversprechen können Wirkmodelle entwickelt werden, um die Steuerung von Entwicklungen im Laufe der Zeit zielgerichteter zu gestalten und in das Qualitätsmanagement der Dienstleistungsorganisation einzubinden

Es ist eine Selbstverständlichkeit, dass Organisationen, die Dienstleistungen für Personen mit Behinderungen anbieten und die sich als Dienstleistungsbetrieb verstehen, an der Qualität der eigenen Dienstleistungen und Produkte sowie an der Wirksamkeit der Prozesse interessiert sind. Doch Dienstleistungsorganisationen für Personen mit Behinderungen in der heutigen Angebotslandschaft haben Schwierigkeiten, ihre Angebote kontinuierlich zu messen und zu verbessern. Dies liegt zum einen an etablierten Praktiken und zum anderen an der noch immer prägenden Versorgungslogik. Soziale Dienstleistungsorganisationen sehen sich heute als Organisationen, die ihre Praxis an den Bedürfnissen ihrer Nutzer*innen ausrichten. Doch Praxis wird zugleich von institutionellen Logiken geprägt, die sich im Laufe der letzten Jahrzehnte herausgebildet haben. Entwicklungen folgen institutionellen Kulturen und lebensweltlichen Sinnsystemen. Auf diese Weise werden primär institutionelle Realitäten reproduziert. Diese Realitäten schließen sich gegenüber der Außenwelt ab und verhindern den Blick auf Marktveränderungen sowie die eigenen Entwicklungsbedürfnisse und -möglichkeiten. Dass eine größere Gruppe von Personen mit Behinderungen in naher Zukunft als Kund*innen auf die Angebotslandschaft treffen wird, wird so nicht erkannt. Entsprechende Projekte zur Organisations- und Praxisentwicklung sind deswegen dünn gesät. Häufig zielen durchgeführte Praxisentwicklungsprojekte an den künftigen Marktbedürfnissen vorbei, ohne nennenswerte und nachhaltige Wirkungen zu erzielen.

Die nach wie vor prägende Versorgungslogik konzentriert sich auf die Bereitstellung von Angeboten an bestimmten Orten, orientiert an Versorgungsplätzen und den Bedürfnissen der Leistungsnutzenden. Die Dokumentation der Dienstleistungsorganisationen konzentriert sich auf die Quantifizierung von Angeboten, die bereitgestellt werden, und auf die Leistungen, die erbracht wurden. Das Ziel ist damit Bereitstellung von Versorgung und nicht die Qualität, Wirkung und Wirksamkeit der Dienstleistungen. Diese Aspekte müssen zusätzlich mit Instrumenten wie personenbezogenen Entwicklungsplänen oder Zufriedenheitsbefragungen in die institutionelle Praxis integriert werden, was oft als Zusatzaufwand wahrgenommen wird und das auch ist. Wirkungsnachweise und die Steuerung wirkungsvoller Entwicklungen finden sich zwar in den Selbstdarstellungen der Dienstleistungsorganisationen, werden aber nicht als zwingend notwendig erachtet. Diese Praxis ist grundsätzlich stabil, aber die großen gesellschaftlichen und politischen Veränderungen der letzten Jahrzehnte stellen Dienstleistungsorganisationen vor Herausforderungen. Forderungen nach wirksamen Leistungen, angepasst an neue Gesetze und internationale Standards, begrenzte Ressourcen und vielfältigere Fachlichkeit erfordern ein besseres Verständnis von Wirkungszusammenhängen und Bedingungsfaktoren.

Aus dieser Ausgangslage lassen sich grundlegende Impulse ableiten, die als Einladung an die Adresse der Dienstleistungsorganisationen und die Fachpersonen der Sozialen Arbeit als prägende Beteiligte der Organisationen gerichtet sind.

7.1 Sich messen lassen – Die Entwicklung von verständlichen Profilen

Dienstleistungsorganisationen für Personen mit Behinderungen haben in den letzten Jahren eine Vielzahl an professionsspezifischen Leit- und Handlungskonzepten aufgenommen, entwickelt und implementiert. Daraus resultierte eine noch viel größere Zahl an Ziel- und Wirkabsichten. Diese werden zwar in Leitbildern und Konzepten ausgewiesen, jedoch kaum je messbar gemacht. Das Nebeneinanderstellen sehr unterschiedlicher Wirkungsziele und Wirkabsichten in zunehmend großer Zahl führt dabei zu einer Beliebigkeit der Ausrichtung von Dienstleistungsangeboten. Irgendetwas findet sich so letztlich immer, was passt, und das Steuern von wirksamen Prozessen erübrigt sich. Zudem verwischt dieses undurchsichtige Überangebot an Zielen und Wirkabsichten aussagekräftige Leistungsprofile und Alleinstellungsmerkmale der Dienstleistungsorganisationen, die jedoch für Anspruchsberechtige Personen mit Behinderungen, die sich am Markt der Nachteilsausgleiche orientieren wollen, wichtig wären. Eine gesteuerte Qualitätsentwicklung setzt voraus, dass die Dienstleistungsorganisation eingrenzt und definiert, an was sie sich messen lassen will. Diese Entscheidung hängt nicht von der Wahl eines bestimmten Handlungskonzepts, wohlklingenden Leitbildern oder vom Gutdünken eines Leitungsgremiums ab. Sie gründet vielmehr auf den Möglichkeiten und Ressourcen der Dienstleistungsorganisation sowie den Bedürfnissen und Leistungsbedarfen der Angebotsnutzenden. Dienstleistungsorganisationen bilden in einer markähnlichen Situation idealerweise Angebots- und Leistungsprofile heraus, die für anspruchsberechtige Personen verständlich sind. Die Qualität der

Dienstleistungen und die damit verbundenen Qualitätsversprechen ermöglichen potenziellen Angebotsnutzenden eine freie und informierte und damit selbstbestimmte Entscheidung. Vor der Bestimmung leitender Handlungskonzepte sollten von der Dienstleistungsorganisationen also verschiedene grundlegende Fragen auf verschiedenen Ebenen geklärt werden:

Ebene Angebotsnutzende

- Für welche Angebotsnutzenden sollen Angebote bereitgestellt und Leistungen angeboten werden?
- Was sind die spezifischen Bedürfnisse und Leistungsbedarfe der Angebotsnutzenden?
- Gibt es unterschiedliche Anspruchsgruppen von Angebotsnutzenden mit unterschiedlichen, ggf. sich widersprechenden Bedürfnissen und Leistungsbedarfen?
- Welche Qualitätsversprechen sind für die betreffenden Angebotsnutzenden attraktiv?

Ebene Dienstleistungsorganisation

- Was sind die Angebote, Leistungen und Produkte der Dienstleistungsorganisation?
- Was ist das Angebotsprofil der Dienstleistungsorganisation? Wo liegen ihre Stärken und ggf. Alleinstellungsmerkmale?
- Was sind die Qualitätsversprechen der Dienstleistungsorganisation?
- Wie gut passen Angebote, Leistungen und Qualitätsversprechen mit Blick auf mögliche, unterschiedliche Anspruchsgruppen zur Nachfrage am Markt?

Ebene Wirksamkeit von Leistungen

- Besteht evidenzbasiertes Wissen, wie Qualitätsversprechen kompetent, effektiv, effizient, nachhaltig und zufriedenstellend eingelöst werden können?

7.2 Qualitätsversprechen

Qualitätsversprechen sind ein wichtiges Instrument bei der Qualitätsentwicklung. Sie verweisen auf das Profil einer Dienstleistungsorganisation, ermöglichen und erleichtern damit die möglichst freie und informierte Entscheidung durch die Angebotsnutzenden und befördern so den Wechsel von der Versorgungsorientierung hin zu einer Dienstleistungsorientierung. Ein klares Profil erlaubt wiederum Vergleiche mit anderen Organisationen und die Positionierung der Angebote und Leistungen am Markt.

Qualitätsversprechen verweisen zudem auf die wichtigsten Messgrößen und ermöglichen die Herleitung von Wirkmodellen, mit denen deutlich wird, welche Faktoren und Wirkzusammenhänge zu beachten sind, damit die Versprechen auch tatsächlich eingelöst werden können. An Qualitätsversprechen können letztlich Prozesse zur Qualitätsentwicklung ausgerichtet werden.

7.3 Zugriffspunkte zur Messung und wirkungsvollen Steuerung von Entwicklungen

In Wirkmodellen werden nicht nur Wirkungszusammenhänge mit Blick auf ein gewünschtes Wirkungsziel deutlich. Die systematische Zusammenschau von Wirkfaktoren, Wirkungszielen und Qualitätsversprechen macht auch unterschiedliche Zugriffspunkte für die Messung und gesteuerte Weiterentwicklung der angestrebten Wirkungsziele sichtbar. Zugriffspunkte sind unter Zuhilfenahme eines aussagekräftigen Wirkmodells nicht mehr beliebig, sondern bauen auf der erfahrungsgestützten Annahme auf, dass von einer Veränderung des ausgewählten Wirkfaktors die größte Wirkung auf die zu entwickelnden Wirkungsziele zu erwarten ist. Je ausdifferenzierter ein Wirkmodell, desto vielfältiger werden mögliche Zugriffspunkte. Die Auswahl der Zugriffspunkte bedingt Entscheidungen, und diese sind in einer institutionell geprägten Praxis nicht unbedingt objektiv herbeizuführen, da sich die institutionell geprägte Praxis aus sich heraus entwickelt und Innovationen eher behindert als befördert. Es braucht also Personen und Entscheidungsorgane, die über Entscheidungskompetenzen verfügen und die gewillt sind, die Entwicklungen zu führen. Wie oben ausgeführt ist gerade dies keine Selbstverständlichkeit, weil sich institutionelle Praxen durch eine starke Führung von unten auszeichnen, die Leitungsentscheide von oben durchaus auszusitzen versteht. Hilfreich zur Überbrückung dieser Herausforderung ist eine eher spielerische Kultur im Umgang mit Möglichkeiten zur Beeinflussung der Wirkungsziele. Diese entsteht leichter in Organisationen, die nicht gleichzeitig viele große Herausforderungen meistern müssen und deshalb stark unter Druck stehen und die über kreative Köpfe verfügen, die Freude am Denken, Erproben und Lernen haben. Hilfreich ist auch eine Beteiligungskultur, die interessierte Personen partnerschaftlich einbezieht, unabhängig von Funktion und Position in der Organisation. Dabei sind explizit auch Angebotsnutzende mitgemeint. Die Entwicklung von Wirkmodellen eignet sich hervorragend dazu, unterschiedliche Personen zusammenzubringen und zum gemeinsamen Denken einzuladen.

7.4 Gemeinschaftliches und organisationales Lernen

Wirkmodelle entstehen in der inhaltlichen Auseinandersetzung mit Wirkungszielen, Qualitätsversprechen und Wirkfaktoren. Sie bringen Faktoren zusammen, die in tatsächlichen oder angenommenen Bedingungszusammenhängen verbunden sind. Bei der Entwicklung von Wirkmodellen spielt es vorerst keine wesentliche Rolle, ob die Wirkungszusammenhänge bereits nachgewiesen wurden oder erst als hypothetische Annahmen unterstellt werden. Diese werden ohnehin später im Entwicklungsprozess bestätigt oder verworfen. Wirkmodelle werden im Prozess des Sammelns schnell groß, komplex und unüberschaubar. Deshalb sind Wirkmodelle, die den Anspruch erheben, die Praxis einer Dienstleistungsorganisation umfassend abzubilden, nicht realistisch. Das Ziel der Modellentwicklung ist demnach vielmehr, besonders gewichtige Wirkzusammenhänge zu entdecken, von denen mit Blick auf die Wirkungsziele die größte Wirkung zu erwarten ist.

Unsere Praxis der Wirkungsforschung macht deutlich, dass große und langfristig angelegte Entwicklungsprojekte im Verhältnis zum Aufwand meist vergleichsweise wenig Wirkung erzeugen. Wirkungsvoller sind kleine und eher kurzfristige Lernprojekte, in denen mögliche Wirkzusammenhänge und das Gewicht von Wirkfaktoren im sich laufend aufbauenden Wirkmodell praktisch überprüft werden. Wirkungsvolle und auch wirkungslose Interventionen tragen gleichermaßen dazu bei, das Wirkmodell zu trainieren. Das Wissen um relevante Wirkungszusammenhänge und die Wirkungsstärke von Wirkfaktoren wird mit dieser Vorgehensweise laufend größer. Gemeinsames Lernen führt zu gemeinsam geteiltem Wissen, das für die wirkungsvolle Weiterentwicklung von Dienstleistungen genutzt werden kann. Je besser das Verständnis der Wirkungszusammenhänge, desto gezielter können potenziell wirksame Zugriffspunkte gewählt werden. Die Entwicklung von Wirkmodellen ist immer auch als Bildungsprozess zu verstehen. Gemeinsam entwickelte und in der Praxis evaluierte Wirkmodelle fordern und befördern das gemeinschaftliche und organisationale Lernen.

Auf den Punkt gebracht

Die Herausforderungen von Dienstleistungsorganisationen für Menschen mit Behinderungen bezüglich Qualitätsmessung, -verbesserung und Marktorientierung liegen in bestehenden Praktiken und der vorherrschenden Versorgungslogik. Klare Qualitätsversprechen, verständliche Profile und wirksame Wirkmodelle sind entscheidend, um die Dienstleistungen zielgerichtet weiterzuentwickeln. Kleine, kurzfristige Lernprojekte sind bei der Umsetzung effektiver als große Entwicklungsprojekte. Die systematische Auseinandersetzung mit Wirkungszielen und Qualitätsversprechen ist ein wichtiger Erfolgsfaktor, um Dienstleistungen auf die Bedürfnisse der Nutzer*innen auszurichten und ihnen eine informierte Entscheidungsfindung zu ermöglichen. Gemeinsames Lernen unterstützt den Prozess des organisationalen Lernens und der nachhaltigen Entwicklungen.

Reflexionsfragen

- Sind mir die zentralen Qualitätsversprechen meiner Dienstleistungsorganisation bekannt?
- Habe ich die Qualitätsversprechen meiner Dienstleistungsorganisation in eine Rangfolge gebracht und auf eine überschaubare Anzahl eingegrenzt?
- Entsprechen die Qualitätsversprechen meiner Dienstleistungsorganisation den Bedürfnissen der Leistungsnutzenden?
- Entsprechen die Qualitätsversprechen den Kompetenzen und Ressourcen der Dienstleistungsorganisation, in der ich tätig bin?
- Ist mir bekannt, wie die Qualitätsversprechen meiner Dienstleistungsorganisation wirkungsvoll eingelöst werden können?
- Mit welchen kleinen Lernprojekten können meine Wirkmodelle trainiert, ausdifferenziert und erste Entwicklungserfahrungen gemacht werden?

Weiterführende Literatur

Merchel, Joachim (2013). Qualitätsmanagement in der Sozialen Arbeit. Eine Einführung. 4., akt. Aufl. Weinheim, Basel: Beltz Juventa.

Gesmann, Stefan (2019). Systemisches Management in Organisationen der Sozialen Arbeit. Handbuch für Studium und Praxis. Heidelberg: Carl-Auer.

Grunwald, Klaus (2015). Lebensweltorientierte und organisationssoziologische Perspektiven auf Organisation(en) als Beitrag einer kritischen Sozialen Arbeit. In: Dörr, M., Füssenhäuser, C., Schulze, H. (Hrsg.), Biografie und Lebenswelt. Perspektiven kritischer Sozialer Arbeit (53–68). Wiesbaden: Springer VS.

8   Ausblick

Nicht verzweifeln, sondern einsteigen

Die Arbeit mit Wirkmodellen mag für Praktiker*innen auf den ersten Blick etwas komplex und auch etwas wissenschaftlich erscheinen. Beides kann abschreckend wirken. Erinnerungen aus dem eigenen Studium sind, wenn es um Statistikseminare oder schwer verständliche wissenschaftliche Texte geht, nicht immer mit den schönsten Gefühlen verbunden. Diese Befürchtungen sind unbegründet. An dieser Stelle soll deutlich gemacht werden, dass der Einstieg in das Thema Wirkmodelle auch mit überaus pragmatischen Herangehensweisen und geringen zeitlichen Ressourcen erfolgreich gelingen kann, wenn bestimmte Punkte beachtet werden: Praktiker*innen sollten niemals den Anspruch erheben, dass ein Wirkmodell die komplexe reale Welt vollständig zu erklären vermag. Das Gegenteil ist richtig, ein Wirkmodell ist ein Werkzeug, das einem hilft, sich in der komplexen Welt zu orientieren, um handlungsfähig zu bleiben. Ein Wirkmodell ist eine Entscheidung darüber, welche Elemente aus der komplexen Welt herausgegriffen und genauer betrachtet werden. Das kleinstmögliche Wirkmodell besteht aus einem einzigen Wirkfaktor, einem einzigen Wirkungsziel und dem Zusammenhang zwischen den beiden. Wer sich also scheut, die Arbeit mit Wirkmodellen wegen Ressourcenknappheit oder zu hohen Ansprüchen an sich selbst anzugehen, dem sei der Einstieg mit einem sehr einfachen Wirkmodell empfohlen. Ausdifferenzierungen sind schließlich mit jedem weiteren Durchgang möglich. Alltägliche Beobachtungen können ohne Zusatzaufwand laufend eingebaut werden. Mit einfachen Zugängen wird die Arbeit mit Wirkmodellen handhabbar, weil sie schrittweise aufgebaut werden kann.

Zuerst das Experiment, dann das Konzept

In den letzten Jahren haben sich unsere Praxisentwicklungsprojekte stark verändert. Früher bestand der Anspruch, Praxisentwicklung mit ausgeklügelten Projektplänen und Konzepten einzuleiten, die in aufwändiger Vorarbeit mit Fachgruppen erarbeitet wurden. Doch nach der Einführung dieser Konzepte stellten wir oft fest, dass viele theoretisch hergeleiteten Interventionen bereits im Ansatz nicht funktionierten. Seit einiger Zeit verfolgen wir deshalb vermehrt experimentelle Ansätze. Zu Beginn von Veränderungsprojekten legen wir zwar Wert auf eine gründliche Erarbeitung einer überschaubaren Anzahl von Wirkungszielen und Qualitätsversprechen. Darauf aufbauend erarbeiten wir einfache Wirkmodelle und leiten rasch und kreativ Interventionen ab. Dabei blenden wir bewusst aus, was innerhalb der bestehenden Organisationsstruktur langfristig machbar ist und was nicht, weil das Denken innerhalb dessen, was wir für unmöglich halten, Kreativität verhindert. Ohne Begrenzungen denken wir frei darüber nach, wie die herausgestellten Wirkungsziele und Qualitätsversprechen idealerweise erreicht werden könnten. Das entsprechende Wirkmodell entsteht somit in einem maximal freien Raum, der zum Ausprobieren einlädt. Im zweiten Schritt wird in der Praxis experimentell untersucht, ob die angenommenen Wirkungszusammenhänge des Modells in der Realität bestätigt werden können. Dabei werden bestehende Strukturen und Praktiken noch nicht umgebaut, sondern lediglich vorübergehend ausgesetzt. Unsere Erfahrung zeigt, dass sich Praktiker*innen oft schneller für experimentelle Veränderungen in ihrer Praxis gewinnen lassen, wenn ihnen die Möglichkeit geboten wird, bei Rückschlägen zur bisherigen Praxis zurückzukehren. Gleichzeitig zeigt sich, dass positiv erlebte Erfahrungen mit experimentell gemachten Interventionen gerne von der Praxis übernommen und auch ohne verordneten Projektplan etabliert werden.

Beispielhaft kann hier von einem Fall aus unserer Forschungspraxis berichtet werden: In einer Werkstätte für Personen mit Behinderungen hat sich ein Fachteam dazu entschlossen, einer ausgewählten Gruppe von Leistungsnutzenden für eine Woche einen Raum zur Verfügung zu stellen, den die Fachpersonen nicht betreten dürfen. In diesem Raum führten die Leistungsnutzenden eigenständig einen Montageauftrag von A bis Z durch. Das Ergebnis war überraschend positiv, sodass die Fachpersonen die Idee aufgriffen und weiterverfolgten.

Es hat sich zudem bewährt, klar definierte und kurze experimentelle Phasen mit häufigen Messungen und anschließenden Gruppenworkshops einzuführen. Diese werden so lange durchgeführt und ›gedreht‹, bis das Wissen über den Gegenstand gesättigt ist. Auf der Grundlage dieses Wissens kann das tatsächliche Veränderungsprojekt mittel- bis langfristig geplant und implementiert werden. Das Experiment und die Messungen werden damit zu einem engmaschigen Geflecht verwoben, das in die Organisationskultur einsickert. Nach der experimentellen Phase ist immer noch genug Zeit für das Verfassen eines Konzepts.

Wissensmanagement

In Organisationen, die systematisch mit Wirkmodellen arbeiten, sei es in kleinen Gruppen innerhalb der Dienstleistungsorganisation oder bei der Weiterentwicklung von umfassenden Angeboten, entsteht mit jedem neuen Wirkmodell und mit jeder Messung umfangreiches Wissen. Dieses Wissen ist wertvoll, da es sich direkt auf die praktische Arbeit vor Ort bezieht. Daher sollten diese Wissensbestände systematisch von der Dienstleistungsorganisation gesichert werden, damit alle Personen, die mit Fragen von Wirkung und Wirksamkeit zu tun haben, darauf zugreifen können. Damit werden Praxisorganisationen neben der Wissenschaft zu einem interessanten Player im Diskurs um die evidenzbasierte Praxis (vgl. Gredig & Sommerfeld 2010), wenn es darum geht, dass sich eine gute Praxis bei Schlussfolgerungen oder Entscheidungen auf möglichst fundierte und belastbare Erkenntnisse stützt.

Es gibt keinen falschen Umgang mit Wirkmodellen

Die vorliegende Publikation präsentiert Möglichkeiten, wie mit Wirkmodellen gearbeitet werden kann. Es ist wichtig, dass der vorgeschlagene Umgang mit Wirkmodellen als Möglichkeitsraum mit Freiheitsgraden betrachtet wird, als Option ohne starre Vorgaben. Ich ermutige Sie als Leser*innen dieser Publikation ausdrücklich, eigene Wege und Ansätze im

Umgang mit Wirkmodellen zu gehen und einen eigenen Umgang zu entwickeln. Die hier vorgestellten Möglichkeiten spiegeln die Erfahrungen und Vorgehensweisen wider, die sich im Rahmen unserer Projektarbeiten in den letzten Jahren bewährt haben. Die vorgestellten Vorgehensweisen haben sich kontinuierlich weiterentwickelt und werden sich auch bei uns laufend weiterentwickeln.

Literatur

Mayring, Philipp (2015). Qualitative Inhaltsanalyse. Grundlagen und Techniken. Weinheim: Beltz.

Ajzen, Icek (2005). Attitudes, Personality and Behavior. Berkshire: Open University Press.

Ajzen, Icek, Fishbein, Martin (1980). Understanding Attitudes and Predicting Social Behavior. Englewood Cliffs, NJ: Prentice-Hall.

Arzheimer, Kai (2016). Strukturgleichungsmodelle: Eine anwendungsorientierte Einführung. Methoden der Politikwissenschaft. Berlin: Springer.

Becker, Jörg, Kugeler, Martin, Rosemann, Michael (2012). Prozessmanagement: Ein Leitfaden zur prozessorientierten Organisationsgestaltung. 7. Aufl. Wiesbaden: Springer Gabler.

Beywl, Wolfgang, Balzer, Lars (2018). Evaluiert. Erweitertes Planungsbuch für Evaluationen im Bildungsbereich. 2. Aufl. Bern: Hep.

Döring, Nicola (2023). Forschungsmethoden und Evaluation in den Sozial- und Humanwissenschaften. (6. vollständig überarbeitete, aktualisierte und erweiterte Auflage). Heidelberg: Springer.

Fässler, Sarah, Studer, Sibylle (2019). Wirkungsevaluation von Interventionen. Leitfaden für Projekte im Bereich Bewegung, Ernährung und psychische Gesundheit. Arbeitspapier 46. URL: https://gesundheitsfoerderung.ch/sites/default/files/migration/documents/Arbeitspapier_046_GFCH_2019_02_-_Wirkungsevaluation_von_Interventionen.pdf (Zugriff am 15.10.2023).

Gredig, Daniel, Pfister Andreas (2010). Neuere Erkenntnisse und Ansatzpunkte für eine strukturelle Prävention für und mit Sexarbeitern. In: Drewes, J., Sweers, H. (Hrsg.), Strukturelle Prävention und Gesundheitsförderung (218–242). Deutsche AIDS-Hilfe e. V.

Gredig, Daniel, Sommerfeld, Peter (2010). Neue Entwürfe zur Erzeugung und Nutzung lösungsorientierten Wissens. In: Otto, H.-U., Polutta, A., Ziegler, H. (Hrsg.), What Works – Welches Wissen braucht die Soziale Arbeit. Zum Konzept evidenzbasierter Praxis (83–98). Opladen: Budrich.

Haunberger, Sigrid (2018). Nichts ist praktischer als ein gutes Wirkungsmodell: Überlegungen am Beispiel des Justizvollzugs. Zeitschrift LeGes, 30 (2), 2–21.

Herriger, Norbert (2020). Empowerment in der sozialen Arbeit. Eine Einführung. 6., erw. u. akt. Aufl. Stuttgart: Kohlhammer.

Kaduk, Stefan, Osmetz, Dirk, Wüthrich, Hans A., Hammer, Dominik (2020). Musterbrecher. Die Kunst, das Spiel zu drehen. 7., überarb. Aufl. Hamburg: Murmann.

Kegan, Robert (1983). Problem and Process in Human Development. Cambridge: Harvard University Press.

Kurz, Bettina, Kubek, Doreen, Schultze, Stefan (2013). Kursbuch Wirkung. Berlin: Phineo.

Luhmann, Niklas, Schorr, Karl Eberhard (1982). Das Technologiedefizit der Erziehung und die Pädagogik. In: Luhmann, N., Schorr, K.-E. (Hrsg.), Zwischen Technologie und Selbstreferenz: Fragen an die Pädagogik (11–40). Frankfurt a. M.: Suhrkamp.

Mayring, Philipp (2015). Qualitative Inhaltsanalyse. Grundlagen und Techniken. Weinheim, Basel: Beltz.

Ott, R. Lyman, Longnecker, Michael (2010). An Introduction to Statistical Methods and Data Analysis. 6. Aufl. Belmont: Brooks/Cole.

Sappok, Tanja, Zepperitz, Sabine (2019). Das Alter der Gefühle: Über die Bedeutung der emotionalen Entwicklung bei geistiger Behinderung, Ausgabe 2. Göttingen: Hogrefe.

Seligman, Martin E. P., Petermann, Franz, Rockstroh, Brigitte (1999). Erlernte Hilflosigkeit. Weinheim: Beltz.

Strübing, Jörg (2019). Grounded Theory und Theoretical Sampling. In: Baur, N., Blasius, J. (Hrsg.). Handbuch Methoden der empirischen Sozialforschung (525–545). Wiesbaden: Springer VS.

Walther, Helmuth (1998). Selbstverantwortung – Selbstbestimmung – Selbständigkeit. Bausteine für eine veränderte Sichtweise von Menschen mit einer Behinderung. In: Bundesvereinigung Lebenshilfe für Menschen mit geistiger Behinderung e. V. (Hrsg.), Vom Betreuer zum Begleiter. Eine Neuorientierung unter dem Paradigma der Selbstbestimmung, 2. Aufl. (69–90). Marburg: Lebenshilfe-Verlag.